СТАЛАЛСЯ ПИСАТЬ ТОЛЬКО ИЗ СЕРДЦА.
Писательская книга, или Загадка
художственного мышления.

作家の文章はなぜ人の心に響くのか

ヴィゴツキー学者による文学心理学の試み

イーゴリ・レイフ
Игорь Рейф

広瀬信雄 訳

明石書店

Рейф Игорь

СТАЛАЛСЯ ПИСАТЬ ТОЛЬКО ИЗ СЕРДЦА.

Писательская книга, или Загадка художественного мышления.
- СПб. Питер, 2022. -208 с. : ил.
ISBN 978-5-4461-2000-0

わが息子で同じ思想の持ち主、ヴィターリー・レイフに本書を捧ぐ

まえがき（日本のみなさんに）

好機が訪れるのを待って本書が生まれたわけではないのですが、取り上げられている問題の数々は「永遠のもの」と言えるでしょう。実のところ、人間の思考の謎について、いつから人は関心を失ったのか思い浮かべることができるでしょうか。もちろん芸術的思考を含めての話なのですが。正直に言って、この課題は並大抵のものではなく「正面からの」解決には動じないのです。

インターネットのサイトにある読者評によると、本書は「心理学的な切り口の文芸論」として性格付けられていますが、大方そのような評価は正当と言えます。もう少し正確に言うならば「神経心理学的な切り口を備えた文芸論」になるでしょう。左右の脳半球が機能上、対称ではないという理解なくして、本書の中心的な思想すなわち論理的思考と想像的思考の二律背反性という思想を受け入れることはできないという意味です。タイプの異なるこの二つの思考を人間が獲得していることについては学生時代から知らされているとはいえ、その背景にあることを時々ぼんやりと思い浮かべてみるに過ぎません。そしてこのことを「通りすがりの人」に問いかけてみるとしましょう。すると多分このような答えが返ってくるでしょう。作家、美術家、作曲家はイメージで想像的思考をする、そして論理的思考をするのは科学者たちだ、と。そして多くの人々の認識はこれで完結してしまいます。

ところで「ロジスティクス」（物流／記号論理学＝訳者）という用語が最近になって日常に入り込んできましたが、既に各分野ではそれぞれに理解されています。このことばの裏には組織化、秩序化を意図するある種の根源が潜んでいます。例をあげてみましょう。動物園に行ったとして、象のエリアを探そうとする時私たちは標識の矢印に従います。このような行動は人間の論理的思考の例として役立つでしょう。でもみなさんのお子さんが象エリアの前で、そこに住んでいる主に釘付けになり、大きな葉のような耳や、ぶらぶら揺れる長い鼻から目を離すことができなくなったり、その後も空想の中で何度もその場に立ち戻ったり、また夢にさえ見るようになったりすると、それはもう、想像的思考の例と言えます。

そして今度は、みなさんが目の前にいる観衆や聴衆に向かって、この動物を生き生きと絵に描いて見せたい、あるいはことばで生き生きと伝えたいと思った時、もう一つのまったく違う特別な種類の思考に転じているのです。それこそ人間だけが持っている芸術的思考です。このような思考の本性とは何か、そして文学においてそれがどのように体現されているのか、について本書で述べようと思います。

しかし幻想を抱いてはいけません。本書の原書の副題に「作家の本」とあるからといって、まるで書机やコンピュータに向かっている駆け出しの文学士に、質の高い芸術作品をたちまち書き上げる専用の機器一式が与えられると思うのは幻想です。そうではありません。人に才能を贈ってくれる人などどこにもいるはずがありません。今から芸術的思考の本性を知ることが持ち前の才能を発揮する助けとなるでしょう。その時に大切なことは芸術的思考の法則性をある程度知ること、とりわけ論理的思考と想像的思考の二律背反性を理解することです。もっと簡単に言うと意識的なファクター、意思的なファクターが特別な関わりをするということです。過度に直線的に成果を期待し、それに賭けることは、その人の創造的なポテンシャルを青田のまま枯らしてしまいます。これについてロシアの著名な作家エヴゲーニー・ザミャーチン（一八八四〜一九三七）の表現に従えば、意識することが作家の筆を慎重にさせてしまうのです。

もちろんこれらすべてのことは捉えどころのない、手にとって確かめることができないような話なのですが、論理的思考がなくては大した成果は得られません。そしてすべては以下に尽きるのですが、ある種の中庸を見出せるようにし、論理的起点が創造的な直観を固着させてしまわないようにすることです。一旦それがうまくできたならば、今後もそれが可能になるでしょう。そうなったならば私に残されたことはただ一つ、歩み始めた先々でみなさんに成功が訪れるよう祈ることしかありません。

二〇二四年　夏

イーゴリ・レイフ（フランクフルト・アム・マイン）

作家の文章はなぜ人の心に響くのか　目次

終章 未来の作家たちのために

・固有名詞のカタカナ表記については、ネイティヴの発音にできる限り近づけたが、既に習慣として定着していると思われるものについては、その限りではない（たとえば、トルストイ、モスクワ、等）。
・邦訳作品からの引用部分については、そのまま転写し、それぞれの訳者の表記に従った。
・（訳注）として示したもの以外は原著者による注である。

著者より

なぜ作家は本を書くのでしょうか。おそらくその理由は、作家たちの耕そうとする広野が芸術的思考の世界に属するものだからでしょう。それが純粋にプロフェッショナルとしての関心の対象となるところだからです。さらに言うならば、文学の才能が創造の心理学につながっているかいないかにまったく関わりなく、もとより芸術的思考の本質を理解することが、ものを書く者たちにとって無益であるはずがないからでしょう。でも、まだ駆け出しの、文学の舞台で最初の数歩を踏んだばかりの作家や、あるいは作家になりたいと切望している人、さらには、才能はもちろんあるとして、それを余すことなく発揮する技能が日々の重い課題になっている人にとって、書きものをすることはとりわけ現実的な意味を持ってくるのです。よく知られているように、何を書くべきかを他人が教えるのは不可能なのです。ひとりでにペンが走っていくはずだ、という考え方さえあり、そのような能力の本性を理解しようとする試みも実際かなり多く見かけます。

かつてかのレフ・トルストイ（一八二八〜一九一〇）は心を強く打つ散文作品を子守歌になぞらえて「喉の声は胸の声よりもはるかに自在であるが、その代わりそれは心には響かない」とし、自身の作家としての信念をこう言ってのけました。「頭で書くことも、心で書くこともできる……。頭で書き始めた時、私はいつも立ち止まってしまい、やはり心で書くように努めている……」。もちろんこれは価値ある助言としては最たるものですが、一体どのようにしてそれを実現するのでしょうか。頭で書いていくことが第一であるとするならば、その反対の立場とは、頭で書くことではなく、乱暴な言い方をすれば、何も考えずに書くということなのでしょうか。たとえ何も考えずに書いたとしても、文学作品を生み出す過程それ自体は著作と称されるわけで、そうなれば「著作家」と「発想家」は、ほとんど同義語となります。ましてや、あらゆる物書きたちの誰もが単なる噂話ではないと知っている次のような事実さえあるのです。自分にとっての真の成功が訪れるのは、書机かコンピュータに向かって独自の空想を練っている時ではなく、成功がひとりでに自分のもとにやってきた時である、という事実です。あるいは作家が自身の内的な霊感を手なずけ、人物の性格を発展させていくロジックとか、主題を展開していくロジックを突きとめた時である、という事実です。ところが作家としてのこのような洞察力は、「頭」の引き出しから出てくるものなどでは一切なく、そのような洞察力を育むものはまったく別の湧き水なのです。歴史的な例としてあげられるのはツルゲーネフ（一八一八〜八三）の『父と子』です。実を言えば登場人物バザーロフの死は、当初はまったくツルゲーネフの頭にはなかったのに、ある時この作家の直感が暗示となり、たちどころに主人公の性格が実態として発現したのでした。

しかし今までに述べたことは書きものをする上で、意識的なファクターつまり意志が果たしている役割を決して過小評価しているのではありません。それどころか、その作家が偉大であればあるほど、またスケールが大きければ大きいほど、意志というファクターが創作において占めている位置は大きくなるのです。そして、このように考えることさえできてしまうのです。レフ・トルストイは軍人としての道を辞さないでいたならば、軍隊を力相応に指揮できる傑出した司令官になっていただろうと。しかもそれに負けずとも劣らず、この作家の芸術的思考は前進していたことに間違いないのですし、もしそうでなかったならばとてつもなく不幸なことだと言えます。これらについては本書の中でも触れているのですが、そこで主導的な位置を占めているのは、比較的最近になってようやくたどり着いた芸術的思考についての新たな理解であり、それに従えば脳半球の機能的な非対称性が発見されたことで既に説明されているように、左右それぞれの半球が独自の「狭い意味での」専門性を有しているという考え方です。

本書の内容と構成について、二、三述べておきたいと思います。第1章で述べられているのは左・右の脳半球間は機能上、非対称であること、私たち人間の思考には二つのタイプ、想像的思考（芸術的思考）と論理的思考（言語的思考）があることの二つです。

第2章と第3章は本書の中核を成しているのですが、芸術的思考と作家による創作の本性について語られます。

第4章で検討されているのは芸術的思考を実用化する視点です。芸術的なことばが響かせる催眠療法的な効果は、サイコセラピー（心理療法）の場において応用されうることを記しました。

おわりにイリーナ・イリチェヴァ氏に心から感謝いたします。彼女の共感的な理解によって本書はその運命として最終的な役割を果たすことができました。もし彼女がいなかったならば、本書はおそらく日の目を見ることはなかったでしょう。

第1章

「左」脳・「右」脳と、人間の思考の二つのストラテジー

みなさんは「単半球人間」という表現をお聞きになったことがあるでしょうか。それは、あまりに直線的で、半音というものを知らず、すべてを単色で塗ってしまい、冗談やユーモアを解せないような人々のことを指すことばです。このような人間はコミュニケーションが苦手なのですが、代わりに指示・命令の遂行者としては申し分がありません。引き受けたことはすべて正確に行うし、自分に与えられた課題から一歩たりとも退いたりしません。でもそれは事実上、単半球だけで思考しているということ、いわゆる単細胞的な人を表現しているのではないでしょうか。

①ノーベル賞に輝いた分離脳の研究

脳の大部分を占めている両半球の皮質が機能の面で同一ではないことについて、既に一九世紀の中頃から知られていました。たとえば失語症（言語の喪失）は、まさに脳の左半球、前頭葉の後頭部領域（いわゆるブローカ領）に損傷かあるいは腫瘍がある場合に起きます。また脳の下垂体後部に障害がある場合、他人のことばを理解する力が失われてしまうことも知られていました。しかし、ようやくこの研究分野に真の突破口が開かれたのは、二〇世紀の六〇〜七〇年代になってからでした。その突破口こそノーベル賞（一九八一年）に輝いたアメリカの神経学者ロジャー・スペリー（Roger Wolcott Sperry 一九一三〜九四）がいわゆる分離脳の患者について研究したことでした。では一体それはどのような研究であったのでしょうか。

正常な場合、脳の左半球と右半球は、双方をつないでいるニューロン回路のおかげで脳として一体的に機能しています。その回路は脳皮質のちょうど真中、真下の形成体である脳梁を経てつながっています。それゆえ左半球に入ってきたあらゆる信号は、ただちに右半球の所有物にもなり、その逆もまた然りです。まさに脳のこの特徴つまり興奮の拡延のことですが、それこそがとりわけ重度のてんかんのある患者を手術で治療するという考えをこのアメリカの医学者にもたらしたのでした。その手術は脳梁離断術として知られています。

やがてこの手術はコミッスロトミーと呼ばれ、悩ましいけいれん発作から多くの人々を実際に救い出したのですが、それによって患者の行動には何ら影響を与えることはありませんでした。ただ専門的な研究が進むにつれ、この手術の際に生じた微細な不都合を明るみに出すことになったのです。

たとえば脳梁を離断した患者たちは、左の視覚野に数秒間提示した事物の絵（たとえばリンゴ）の名前を言うことができませんでした。ですから視神経路の交差を経て右半球に映写されても彼らにはそれがまったく見えていないかのように思われました。でも目の前に示されていたものの中から、その絵の実物を見つけてほしいと依頼すると、まさしくリンゴを選ぶことができたのです。つまりリンゴの絵は正しく知覚されていたのでした。結果として得られたのはこういうことです。右半球の活動によって人間は、その名前をことばで言えなくてもその実物がわかる、ということです。そして今度は逆に右側の視野つまり左半球に提示されたリンゴの絵は、たちまち同一視され、実験者の問いかけに対して「これはリンゴです」と答えたのです。

ことばを理解したり産出したりする左半球の能力は、そもそも早くから知られていましたので、人間生活でのその役割が考慮され、左半球の方が優位であると見なされてきました。一方、右半球については影のようにつきまとうものであり、ある時点まで、その特異性は、かなり霞んでいたと言えるでしょう。でもロジャー・スペリーの研究の後、すべてが変わりました。

脳梁を離断した人々にとっては、通常脳の人々が何の困難もなくできることの多くをなぜできないのか、その理由を最初に説明しておきましょう。たとえば左半球が司っている右手は、課題はごく簡単に右手がやってくれていると考えることに通常脳の人々は慣れ切っています。しかし脳梁を離断した人々は、右手でごく簡単な幾何学図形を転写することができませんでしたし、積木で素朴なものを作成することも、手探りで知っている事物を見つけることもできませんでした。これらすべての操作は左手が見事に行ったのです。ということは、今述べたケースのすべてにおいて左手を司っている右半球の方が、左半球を凌いでいたことになります。そして左半球は字を書く時だけ、かけがえのないものとなっていたのです。*

これに劣らず興味深い結果が得られたのは、左半球と右半球の言語学的な能力を比較した時でした。その際、研究者たちの興味を特に引きつけたのが右半球の言語可能性でした。新たに明らかになったこともありました。被験者がより優れてことばの理解を示したのは、ことばを用いて答える場合ではなく、言われた単語に相当する事物を探して見つける課題の場合でした。問題が生じたのは、いろいろな動詞を提示した時でした。言語学的に言うと、より複雑なのは動詞課題であって、それは右半球にとってはあまりに強固な難関であったのです。左半球だったならば簡単に処理できる類いの言語素材を扱う際、右半球の可能性に限界が見られたのでした。

②左半球と右半球は、どのように「考える」のか

スペリーの仕事は、その後の科学的研究の前線に広範な起点を与えました。その際に学

---

*アレクサンドロフ、S・G『脳の機能的な非対称と半球間の相互関係』イルクーツク、国立イルクーツク医科大学、二〇一四、二一～二二ページ。

者たちが特に取り上げた問題は、脳の左半球と右半球はどのように「考える」のか、そして両者には何か根本的な違いがあるのかどうか、という点でした。そのような研究では、脳梁を離断することなく左または右の半球を選択し「スイッチを切る」ことができる、ある医学的な技術が大いに役立ったのです。

その方法は電気ショック療法と結びついていて、脳半球の皮質を選択的に抑制するものでした。そしてセッションが終了する毎に被験者には理解能力と回答能力が元に戻り、いずれかの半球が一定時間、他方より抑制された状態が続く、というものです。このようにして学者たちは「単半球人間」の思考を研究する機会を手に入れることができました。*

このような条件下で被験者に提示された検査の一つに次のようなタイプの論理課題がありました。「すべてのサルは木の上で自由に動き回ることができる。アナグマはサルである。アナグマは木の上で自由に動き回ることができるだろうか」という問いです。左半球が活発な被験者はこの質問にきっぱりと答えました。その時彼らは見事に、アナグマは木の上で自由に動き回ることはできないと自覚し、そして短く、「できない」と答えました。しかし同じ質問が前述の問いかけ文のようにひとつながりとして聞こえた時、被験者は意地悪な論理的な前提「アナグマはサルである」に支配されました。それは彼らにとって実際にできるかどうかよりもはるかに重要だったのです。

このようにして、他にも一連の実験過程で示されたことがありました。左半球の方が論理的な文脈にも、もちろん生活の現実にもより強く定位していて、しかも因果関係には、はるかに優れて順応しており、つまるところ左半球は「計画的、分析的、順列的なプロセッサーとして働いている」ということがわかりました。** これらの研究が示しているように、右半球の本領はと言えば、それは分析というよりは統合なのですが、その時に自分の得るべき情報が棚に並べられていたわけではなく、むしろ実際的、同時的にそれらを整理し、言ってみれば即座に把握しているのでした。それゆえ右半球は複雑な相互関係や空間関係に、より優位に定位し、視覚像や音声像、そしてそれらの陰影（表情、声色、イントネーション）でさえも、はるかに優れて識別し、音楽を「理解」する等、多くのことができるのです。

同時に右半球にはアキレス腱もありました。それは右半球によって生み出される行動反応が、たとえそれがまったく相応しいものであったとしても、無意識で行われることでした。つまり自分の反応行為に明確な説明を与えることが「右半球」人間にはできないのです。自分の行動の動因についても、まったく何も説明することができません。そのために

*参照　デグリン、V・L『人間脳の機能的非対称性講義』アムステルダム／キーウ、ウクライナ精神科医協会、ウクライナ、一九九六。
**アレクサンドロフ、S・G　前書二一ページ。

このような人には「ことばの備蓄」がはなはだ不足しているのです。そこで情報を再編する過程は左半球よりも右半球の方がより早く行うことを考慮するならば、よく考えた上で判断をするには時間がまったくないような極限条件下でも、人間は「合理的な」行動をするという説が自ずと浮上してきます。考えることがうまくできなかった場合でさえ、人間は時として唯一正しい行為やふるまいを直観的に遂行することができ、それでいて、どうしてそうできたのか後から自身では説明できないのです。このことについて満足できる説明が一つだけあります。それは、一見してひとりでに起きたようなこの行動の「指揮者」が、まさに右半球であるとする説明です。本人をそのように導いたものが何であるかについて、たとえ右半球が自ら報告することができなかったとしても、そうなのだ、とする説明です。

③論理的思考の裏側

誰もが学生時代に学んでいるように、思考には二つの種類があります。想像的思考と論理的思考の二つです。とはいえ時に何とはなしにそう思っているに過ぎないのかもしれません。もしたまたま通りがかった人に尋ねてみれば、端からこう言うでしょう。論理的な思考は科学分野の人々に特徴的な思考であり、想像で思考しているのは芸術家たちだ、と。

この問いに対して人間が知り得ているところは、おしなべて以上のようなものでしょう。
ところで本章の文章は、どちらの例になるでしょうか。論理的思考の例か、それとも想像的思考の例でしょうか。一見して、あたかも論理的思考のようだと思うのは、それが科学的な研究データに拠りながら語られているからでしょう。しかしもしこの章が純粋に論理的手法で書かれているものであったとしたら、みなさんは最後まで読み切ることはできないでしょう。また学校や大学の教科書の教材内容を習得するためには、たとえそれが良心的に書かれているものであったとしても、作り話の部分がなかったとしたら、意識的に努力を傾注することを強いられるし、時にそれが必要以上に過大になることもあるでしょう。でも、たとえば風刺物語『黄金の仔牛』(イリフとペトロフ、一九三三、上田進訳一九五七、創元社)ならば、なぜか、ひとりでに、何の苦労もなく読めてしまいます。これは一体どういうわけなのでしょう。

純粋に情報だけを提供することを目的にしている文書類、たとえば日常生活用品の取扱説明書、薬の内容説明文等の特徴をあげてみるならば、悪い意味で、いろいろと文句を並べることができるでしょう。月並みだ、棒調子だ、お決まりの文言だ、という具合に。しばしば、このような批判にはやや卑下するようなニュアンスが込められているわけですが、それは必ずしも正当なものとは言えません。実際、論理的思考、あるいは別の言い方をするならば、口上的で、断続的で、分析的な思考は、人々のコミュニケーションの道具として発生し、そして誰にもわかることばや表現のおかげで、自らの思考や意図を周囲の人々にとって理解しやすいものにしているのです。というわけで論理的思考の最も重要な課題は人々が互いに理解しあえるようにすることであり、それなくしては人々の共存など一日たりとも保てないでしょう。加えて発言が一義的であることは、このような相互理解のあり方にとっては必須条件です。実を言うと私たちのことばを好きなように解釈できる理由がもし与えられたとしたら、どんなにか都合が良いでしょう。店で品物を買う時や、仕事上、部下と話をする時、ましてや軍隊で命令を下す時などを思い浮かべてみるとよいでしょう。

ところが他方で、まさにこの論理的思考が私たちの世界観を貧弱にしている面もあるのです。というのは、そもそも自らの二者択一的な性格から論理的思考は、たった二つの答えしか持ちあわせていないからです。イエスかノーか、白か黒か、です。ということは、現実を単純化したモデルに過ぎないということです。

そうなのです。このモデルは多くの点で大変便利ではあります。なぜなら、私たちを取り巻く背景である「美しくも荒々しい世界」に秩序化の要素を持ち込んでくれるからです。このモデルは、周囲の世界にある法則性や関連性を明るみに出し、固定化させてくれます。本来それは科学の仕事なのですが。しかしながら論理的な思考は、多様で矛盾だらけの、この複雑な世界のすべてを真に反映させることはできないのです。

そしてここまで来ると、例の「単半球人間」が思い出されます。このような人間については本章の冒頭で既に御理解されていると思います。ふつう単半球人間とは左半球に安々と「すがりついている」人々として理解されるでしょう。厳格な論理的スキームのとりことなっている状態の人たちのことで、例のプロクルステスの寝台*にサイズの合わないものを収めて、絶えず流れよる生々しい現実を自分から隠してしまおうとする人たちのことです。「自らの善なるものではなく、悪なるものを為せ」と語ったのはアレクサンドル・ベック（一九〇二～七二）の長編小説『新たな任務』の主人公、党の兵士で自称オニシモフ人民委員でした。そしてこのような人物は、一度そのような物の見方のシステムを受け入れると、必然的にその後もそれから逃れることは、どのように生活が歪むことになろうと、できなくなってしまうのです。さらに、おそらくはそのために、このような人々は上からの命令的な教条には大変敏感に反応し、社会的な次元において制御されやすいのです。

反対に「ことばに拠らない」右半球は、「イエス」と「ノー」との境界線が正確にはわからないのです。つまり両方は共存している状態で互いに区別をつけにくく、そのことこ

＊（訳注）捕らえた者を寝台に寝かせ、背丈が短いと無理に引き延ばし、長過ぎれば切断したというギリシャ神話。杓子定規であること、無理やり一致させることの意味で用いられる表現。

そ、ほとんどすべての芸術文学が果たす役割を教えているのです。でも、とりわけ明確に右半球思考の特性を示しているのが私たちの見る夢です。一般的には脳の両半球が参加していると言われるのですが、両者の役割は異なっています。たとえばセルゲイ・ドゥヴラートフが断言するところによれば、彼はほとんど夢を見ないと言うのですが、もし何らかの夢を見たとしてもそれはまったく意味のないものだと言います。例として、レストランで支払うべきお金を持ちあわせていなかったという夢だとしましょう。そしてこれが作家の作り話ではないとするならば、この夢の例は実際にありうることであり、そこでの主導的な役割は左半球に属するもので、そのゆえにこの夢は、いとも簡単にことばの服を身にまとうことができるのです。

しかし、私たちの中の「私」の最も深いところに触れるような夢を見ることが時々あります。私たちが幸せに酔いしれている瞬間や、何か実現不可能なことでふさぎ込んでいる場面の夢、親しい人が亡くなってしまう場面や、良心の呵責にかられている場面の夢であったりします。そして朝になって夢で味わったことを周囲の人と分かちあいたいと思ったとしても、その夢をことばで再現するのは事実上不可能ですし、それをいつも使っていることばで表現しようと試みても、どうにもできない妨害物に阻まれ粉砕されてしまうのです。

④神経心理学者が解く左右脳半球の非対称性

一時的に「単半球」人間としたところに「両半球」人間、つまり二つの独立したタイプの思考を有する人間を置いてみようと提案するのは間違った考えでしょうか。このような「ケンタウロス」*は研究者の頭の中にあるだけなのですが、その学者にとっては脳全体の働きを、さらに詳しく検討させてくれるモデルとして、未だに実験レベルの話ではあるとはいえ必要だったのです。事実上、左半球と右半球は同時に、調和し、互いに補完しながら機能しています。でも、それとは別に、言語的（論理的）思考と非言語的（想像的）思考とを正確に区分しようとすると、多くの要因が矛盾してきます。

たとえば右半球は言語を産出する力はないものの、限られた範囲ではありますが、命名された事物あるいは簡単な動作を表象して、それらを理解する可能性を保持しています。それと同時に、右半球は、文脈から理解するしかない文意や同音異義語といったものに窮地に追い込まれてしまいます。すなわち右半球はことばによる情報を左半球のように知覚しますが、そのような時の情報は簡明で一義的なものであり、追加的な意味づけを要さな

＊（訳注）ギリシャ神話上の半人半獣の種族。下半身は馬で首の部分から上は人間の姿をしており、乱暴な野生の持ち主も文化的な賢者もいたとされる。

いものに限られます。他方、非言語的な情報に属する音楽を聴くような時、両半球間に活性度の違いは明らかにすることができませんでした。

さらにもう一つ興味深い観察があります。周知のように、右半球の損傷（脳卒中、外傷、腫瘍）は創造する能力の消失をもたらします。それは美術家、音楽家だけでなく、ことばを素材としている詩人にも、さらに数学者にも等しく当てはまるのです。その時数学者たちは、解決のために正確なアルゴリズムで課題に向きあいますが、何と言うか非標準的なアプローチが必要になると放棄してしまうと言うのです。

これまで述べてきたことから次のことが言えるでしょう。ことばを扱っている時、必ずしもすべて左半球のコンピテンスに依っているとは限らないし、また形象（イメージ）の操作も同様で右半球だけの専権ではないということです。でも、もしことばと形象が具体的に一対一でそれぞれの半球に正確に結びついていないとするならば、それらが基本的に非対称的に機能するということは一体どういう理由なのでしょうか。次にあげるのは、この問題を解決しようとして研究に取り組んだロシア系イスラエル人の神経心理学者ワジム・ローテンベルク教授（一九四一〜二〇二四）です。

まずことばから始めましょう。分厚い辞書をちょっとめくって御覧いただければすぐおわかりのように、私たちが用いている一つ一つの単語のほとんどは、かなり多様な意義を持っています。例としてオジェゴフのロシア語辞書*をそれとなく手にとって開いてみて、目に入った最初の語句を取り上げてみましょう。それは『カピタン』（キャプテン）という単語であったとします。この概念について辞書ではどんな解釈を示しているでしょう。……船長、将校の称号またはその称号を有している人物、スポーツチームの監督……さて、文脈を読まずしてどのカピタンか、わかるでしょうか。どのようなカピタンのことを言っているのかは、よく文章を読んでそれぞれの具体的なケース毎に判断せざるを得ないわけです。

実際、別々の木のように思想がどんどん広がっていってしまわないように、人間は、他人がその木の言っていることを理解できるようにフレーズ（句や文）を組み立てるようにしてきました。それは各単語ができる限り狭めた意義で対応するような言語構造を生み出したことを意味しています。ローテンベルクは次のように書いています。「論理的思考のタイプライターによって、かくも整って刈り込まれた世界の光景は、ことばの完全な意味においてもはや光景などではなく、都合の良い汎用モデルになっているのである」。**

想像的思考の場合、事情はまったく別です。それには知覚したりあるいは想像したりし

---

*（訳注）S・I・オジェゴフ（一九〇〇〜六四）によるロシア語の標準的な辞書。

**ローテンベルク、V・S「像としての『私』と行動」『思想の誕生』モスクワ、リデロ社、二〇一五。

た対象の意味を具体化しようとする志向はなく、あるがままの多様な複雑さと多様な意義を、ありのまま、それらを提供するのです。そのようなものとして、創造的ファンタジーによって生み出された芸術文学、演劇、絵画のイメージがあげられるでしょう。それらは非常に複雑で多義的であるかもしれませんが、それはオジェゴフの辞書が提供しているような多義性とは同じではありません。なぜならば、前者においては、現実化されたものも、まだ現実化されていない潜在的なものもあらゆる意味が同時に存在していて、それらのうちのどちらも（高度化された様式のものであるならば）事実上、汲めども汲み尽くせるものではないからです。例をあげるならば、もう四〇〇年間もハムレット王子のイメージは世界の文化空間に存在し続けていますし、ましてや今世紀の監督や俳優たちですらハムレットに立ち返ることに疲れ知らずで、その度に自分にとっての何か新しいことを発見しています。その意味内容のすべては、この作品が創作されたその当時から既に敷かれていたからではないのでしょうか……。

つまるところ左半球が論理的フィルターを通して現実の世界の寸法を測り、それを厳格な図式や決まり文句に追い込んでいるとするならば、本当に、現実の世界はあらゆる多様さと激しい矛盾として提示されるでしょう。でもこれらの多くの矛盾は互いに排除することなく、論理的図式「これもあり、あれもあり」として、現実の世界と同様に共存しているのです。それゆえ右半球の関与で一瞬のうちに確立される多様な関係の絡み合いによって、左半球は本質的に何もすることはできず、実は論理的な役の割り当ては何もないのです。

ローテンベルクによれば、この点にこそ、つまり情報を再編する能力においてこそ、脳の両半球の機能的な非対称性の源があり、その両者ともそれぞれの思考戦略で報いていると言います。もっとも両半球とも、発達した調和的な人間としては必要不可欠であることに違いはないのですが。

ここにきて避けて通ることのできない疑問が起きています。それは、どうしてこのような「分業」が生じえたのだろうか、という問いです。実際どんな高等動物にもこのようなことはありません。類人猿、犬、イルカ、若干の鳥類には論理的思考の痕跡らしきものがあるとしてもですが。

現代科学は何よりも言語と結びついていますし、同様に左半球が司る右手の主導的な役割と結びついています。カナダの心理学者ドリーン・キムラが考えているように、身ぶり言語器官としての右手、そしてその微妙な能力が左半球の特別な機能を形成することに導いたのでしょう。* そして言語的思考が左半球の構造を後ろ盾にして強化されたのですから、

＊参照　キムラ・ドリーン『人間のコミュニケーションにおける神経運動メカニズム』ニューヨーク、オックスフォード大学出版部、一九九三。

そのような機能から解放された右半球の前に、その奥深いところでの根本的な再構成のための可能性が開かれたのでしょう。こうして人間だけにしかない創造的直観と芸術的思考が生まれ、それが人間をより高いレベルに進化させたのです。芸術的思考の本性についてはは次章でお話しするとしましょう。

第2章

文学の鏡に映った芸術的思考

①見えざる手

　仮に、今までは芸術的思考という概念を持たないまま「現実界への分析的なアプローチが世界の想像的知覚である」とするアンチテーゼの枠内だけで済ませてきたのだとするならば、それは単に想像的思考が芸術的思考の「代理を務めてきた」ということに過ぎなくなります。実際それらは分けることができないばかりか、時には相互の区別がなくなり、一方が多方の延長になっていたりします。そのような時、芸術的思考とは、これまで何世紀にもわたる人間の文化的発達の間に形成されてきた想像的思考の上にある一種の心理学的な上部構造であると考えられてきました。しかし芸術文学の世界に足を一歩踏み入れると、やはり区別し難いものを区別しようと試みているのです。なぜならば「区別できるもの」が、象徴的な思考をする私たちの能力と直結する独自の性質を備えているに他ならないからなのですが、ただそれだけの理由ではありません。また前章では基本的に実践や実験から借用したデータを用いて述べたので、本章では私たち人間の心的印象や、時には外形がまったく失われてしまっているような、より不安定な諸概念や現象に向きあってみることにしましょう。

　たとえば美的な情動は芸術の謎の一つなのですが、それにもかかわらず時折、私たちには何か特別なことのように、何の外的な形態もなく集中した高まりを体験することがよくあります。そのために「静かな」情動と呼ばれることもあります。レフ・ヴィゴツキー（一八九六〜一九三四）は次のように書いています。「芸術は、あたかも私たちの中に非常に強い感情を引き起こしているかのようであるのだが、その感情は同時に何らかの外形として現れているのではない。［中略］このようにして、まさしく外面的な出現が滞ることは、芸術的情動が尋常ならぬ力を保有していることを示す特徴の極みである」。*

それと同時に、芸術的知覚の持っているもう一つの特徴的な要点にも注目しないわけにはいきません。それは読んでいる者や見ている者の意志を中和させること、と定義できるでしょう。この点については次のことを想い起こしてみましょう。たとえば、心引かれる本から離れるのがとても切なかったとか、心揺さぶる映画番組を見た後テレビの前から立ち上がりたくなくて、もっとずっとずっと続いていてほしいと思った経験はないでしょうか。そのような時、別の種類の活動に切り替えるには、かなりの努力が要ったはずです。ただ、このようなことが当てはまるのは本物の大作家の作品だけではなく、まったくありふれた、良心的なお決まりの手でとりこにしてしまう世俗的なジャンルの作品も同じです。

＊ヴィゴツキー、L・S『芸術心理学』モスクワ、芸術社、一九六八年、二六七〜二六八ページ。

ヴェーラ・イオーシフォヴナの朗読は進んで、うら若き美貌の伯爵夫人がその持村に小学校や病院や図書館を建てる。それから彼女は漂泊の画家に恋してしまう――といったふうな、ついぞこの人生にありようもない絵そら事を読み上げて行くのだったが、それでもやっぱり聴いているのは楽しくいい気持で、脳裡には絶え間なくいかにも立派な安らかな想いが浮かんで来て、――所詮立ちあがる気にはなれなかった。

（神西清訳『イオーヌィチ』河出書房版）

これはチェーホフ（一八六〇～一九〇四）の『イオーヌィチ』の断片ですが、先程述べたことの一種の描写として役立つでしょう。いつの間にか読者を引きつけてしまう確かな腕を持っている真の芸術家の作品について言うならば、それは読者に我を忘れさせ、いつの間にか作者の意図する進路にぐっと巻き込んでしまうのです。

ある宵のこと。空は次第に暮れかかり　川水は
しずかに流れ　黄金虫《こがねむし》がぶんぶん羽音を立てていた。
輪舞の群れははや散って
川向うではもはや漁夫の火がけむり上げつつ
赤あかと燃えている。広野の中を

銀色の月の光に照らされて
深い夢想《おもい》に沈みつつタチヤーナが
ただ一人もう長いこと歩いていた

（『エヴゲーニイ・オネーギン』木村彰一訳、講談社版）

手始めに『エヴゲーニイ・オネーギン』の第七章にあるこの一節について、韻律的にいかに完璧に構成されているか、そして用いられる語句がどのようにして次第に広がりを見せていくのか、注目していただきたいと思います。初めはどれも短い一音節か二音節の、いずれも有声子音（б, в, д）結合で作られている単語です（вечер・ヴェーチェル・宵、неба・ニェーバ・空、воды・ヴァドゥイ・水）。その後は三音節の語になり、長く延ばされ、あたかも溢れ出ていくような長母音и, у, а,（い・う・あ）がドミナントになっています（Стру-и-лись・ストゥル・イー・リシ・流れていた、т-и-хо・ティ・イ・ハ・静かに、Жук жуж-жал・ジューク　ジュジジァル、黄金虫がぶんぶん羽音を立てていた）。そして最後は四音節の語が二つ、力点のある音節が決め手となり、ほぼすべての行に伸び伸びと広がっていきます。（Уж・ウシュ・はや、расход-и-лись・ラス・ハ・ディー・リシ・散り、хо-ро-в-о-ды・ホ・ロ・ヴォー・ドゥイ・輪舞）そしてフレーズ毎にかわるがわる平行して大きく羽ばたくように飛んでいきます。最初の二つの二語文がすっかり一行目の空間を占めると、三番目の文は既に次の文に出会っていて、六番目の文は四行詩には収まり切れないのですが、次の半行に延びていき、それは第七文によってほぼ完全に満たされます。

その結果、私たちにはこんな感覚が生じるのです。まるで詩行全体が止め途もなく広がっていき、私たちをその広大な波の上に乗せて、そのテンポ・リズムに従って澄みきった夏の夕べの気分で包み込みます。すると私たちは、その息づかいに遅れまいとし、まさにこちらに向かって突然押し寄せてくるような動きとともに詩行の内容豊かな側面、すなわち登場人物の深い思いや悲しみを理解するのです。

しかしこの作品は、そもそも詩作です。では一体散文作品ではどうなのでしょうか。私がこれから明らかにしたいと思っているのは散文作品でも「見えざる手」を見逃すことはできないということです。その手とは、主題のありとあらゆる変転を経て、未知の、まだ姿が見えない目的地に向かって私たちを連れて行こうとするのです。

こんな表現もあります。それは「芸術のとりこ」です。言わんとしているのは私たちを芸術作品漬けにしてしまうような、ほとんど催眠術と言っていいくらいの力のことなのですが、それはことばの芸術を含め、読者をその軌道に強力に引き込むものです。解けかけた事件の毛玉を自分の目で追いかけるのは楽しくもあり、気持の良いものでもあります。私たちはと言えば、他者の意志ではあっても、自分たちの心にも一致するその作品の意志を忠実に追いかけ、やがてその意志ががんじがらめになった固い結び目を巧みに解きほどき、いかなる困難な状況からでも出口を見出すだろうと信じています。そしてたとえ一瞬であるにせよ、このようにひらめくかもしれません。「そりゃ、もちろん、面白いのは、どうやって主人公が袋小路の状況から脱出するのか、あるいは作者が、きつく締め固められた陰謀をどうやって解き明かしていくのか」ではないのかい、と。しかし読者が独力でその陰謀を思いつくようにすると言っているのではありません。私たちはさらにガツガツとむさぼるように読み続け、心の中でひたすら考えます。「でも実際、こういう風にするしか、多分この主題の結び目を解くことはできないな。ツルゲーネフの長編の芸術的な構造を台無しにすることなく、バザーロフとパーベル・ペトローヴィチ・キルサーノフとの決闘を終わらせるには、*ああする以外、別の形では絶対できないだろうな」と。

ところで私たちが、何かしらの物語や小説を再々読み返したり、あるいは既に知っている映画を再び見たりするような時、つまり「その後」話がどうなっているか既に知っているような場合でも、私たちの感じ方は同じくらい強いものなのでしょうか。いやいや、真の芸術作品は、くり返して読む場合でも新鮮さを失うことはなく、くり返し読んでも、「飾り気なしに」語られた何かの歴史物語とは違って、かつての関心のまま読み返すということはないでしょう。はっきりしていることですが、作品に備わっている美的なポテン

＊（訳注）ツルゲーネフ（一八一八～八三）の長編小説『父と子』（一八六二）。

シャルは最初に知った時に消えてしまうことはなく、くり返してその作品に向きあう度影響力が保たれています。しかし作品に備わっているこのような特質は、その「催眠術の構成者」とどれ程のつながりを持っているのでしょうか。

ここでもう一度、チェーホフの短編『イオーヌィチ』に注意を向けてみましょう。今度は冒頭の第一パラグラフだけです。

県庁のあるS市へやって来た人が、どうも退屈だとか単調だとかいってこぼすと、土地の人たちはまるで言いわけでもするような調子で、いやいやSはとてもいいところだ、Sには図書館から劇場、それからクラブまで一通りそろっているし、舞踏会もちょいちょいあるし、おまけに頭の進んだ、面白くって感じのいい家庭が幾軒もあって、それとも交際ができるというのが常だった。そしてトゥールキンの一家を、最も教養あり才能ある家庭として挙げるのであった。

（神西清訳、前書）

この一見したところ、あっさりとした導入部の芸術的な側面を別に置いて考えると、ここに含まれるすべての内容は、次の二つの立ち位置に分けることができます。第一にそれは、人が住んでいないところにはまったくありえない、市民的な教養としての地元愛です。S市には実際にいろいろな文化施設があり、舞踏会のような催しも行われます。第二としては、S市には何軒か教養のある家庭が存在し、その代表格がトゥールキン家だ、ということであり、以上が二つの立ち位置です。

しかし私たち読者にとって、昔々の、とうに忘れ去された革命前の県庁所在市のリアルとはどのようなものでしょう。まさかこのような情報に心打たれる者など今日誰もいやしないでしょう。それなのにチェーホフによるこの導入部は、読む者をどきどきさせツボをついてくるのだとすれば、それは多分すべて構成のされ方のせいなのではないでしょうか。

実際、最初のフレーズから、挿入接続詞 когда・カグダー「〜な時」で始まり、「県庁のあるS市へ」と先に進ませ、勢いのままに、ある地方の田舎生活の渦に私たちを巻き込み、読んで知るよりもずっと前から始まっていた、古臭い町の揉め事の空気漂う最中に読者を関与させています。それでいて行間のどこそこに議論好きが顔をのぞかせているのですが、この町の根っからのそのような愛国者たちは、精神的な繊細さと、さりとて決して押しつけがましいというわけではない、愛すべき地方人主義を身につけていて、おそらくはどこか心の中では自分への反論者の正当性までも認めつつ、みなに反対して故郷である町の名誉や美点は脇に置いて考える必要性さえ感じている人々なのです。

でも、これらのことは作者による文章では直接には何も書かれていないのです。それは読者にとってはまさしく推察されるものであり、まるでついうっかり口が滑ってもらしてしまったような細かな部分の一つ一つのおかげで透けて見えてくるようなものなのです。

たとえば「まるで言いわけでもするような調子で、」という副動詞構文は、数少ない当地の知識人たち、それは前述した通り、繊細で、概ね同情的で、いずれにせよ、自らの田舎人っぽさに身を投じ切れてはいない、この地の大衆の一部を成す人々なのですが、そのような人々について何かしらのイメージを湧かせてくれます。それにちょっとつけ加えるならば、副詞（напротив・ナプロティーフ・「いやいや」）は（これはよく用いられる наоборот・ナアバロート・「反対に」の代わりであり）、より柔軟な反論の仕方になっています。

では今度は、チェーホフのこの導入部の統語法的、韻律的な構造に目を向けてみましょう。この長い導入の一文は（一文と言うにはあまりに長過ぎ、コンピュータの「チェック機能」が働いてしまう程のもので、芸術的な文脈であることを考慮しない限り知覚するのが困難なくらいですが）、それは含まれている情報がだんだんと大きくなっていく原則で組み立てられています。加えて反復接続詞（что・シトー・「それは」）が用いられ、勢いの頂上では副詞（наконец・ナカネェッツ）「おまけに」までが使われています。これらは修辞上の用法としてはそうめったに使われるものではありません。本質的にパラグラフのほぼ全体にわたって繰り広げられたこの長文によって、チェーホフはS市の生活をパノラマ風に切り取り、その「文化的な顔貌」を軽々としたタッチで描き上げているのです。

それに劣らず際立っているのが、このフレーズの音声的な側面なのですが、それによって、この文は二つに分けられるでしょう。すなわち反意接続詞「いやいや」（напротив）

までと、それよりも後の部分の二つです。前半部は長めに延ばされる言語的周期（シンタグマ）とあまり目立たないイントネーション上の力点を伴っていて、まるで一気に発音されるようにして、ゆっくり発音された長い単語を思わせる前半部分です（когда в губернском городе эС приежие жаловались на скуку и однообразие жизни, то местные жители, как бы оправдываясь, говорили, что, напротив）。そして境目を経て後半部の文は性格を変えます。急激に言語的な周期は短くなり、その関連でイントネーションが濃厚になります。（в эС очень хорошо/ в эС есть библиотека,/театр /клуб/ бывают балы /）これはまるでこの町の愛国者たちをある意味暗示しているようであり、直接的そして転化的な意味で「アクセントで強調された」話し好きのこの人々の議論の渦中に、読んでいる私たちを少し引き留め、その後、ほとんど融合している同義語を並べた修飾の鎖をつたってフィナーレに向かって突進していきます（умные, интересные, приятные семь 原意は「教養ある、魅力ある、好感を与える家庭」。だが神西訳では「教養あり才能ある家庭」となっている）。

思うに、この長めのフレーズとそれに続く短めのフレーズとの間の意味的な継続性を考えたならば、そこにセミコロンを付すこともできるでしょうが、芸術的な直観は作者に別のヒントを与えたのでしょう。そしてこのような「分水界」の本当の意義はそれらを比較することによって明瞭になります。たとえば、仮に最初のフレーズが広角レンズを通して見たS市の生活であったとするならば、第二のフレーズはトゥールキン家に焦点を合わせた大画面を読者に用意したと言えるでしょう。そのことに効果を上げているのは、事実上ここで意味上の主語として役割を果たしている最初の三つの単語（И указывали на семью Туркиных（挙げる、家庭、トゥールキンの。神西訳では「トゥールキンの一家を……挙げる」としている））において発生しているフレーズの短縮化とイントネーション的・意味的な変形化です。ところで結局、筋書き案のこのような編み直しは、これに続く段落ですっかり描写され、意味の上でこの物語の第二の「集合的な主人公」であるトゥールキン家の人々をよりたっぷりと知ることができるように予め読者を準備しておこうとしたように思えてならないのです。

②ことばで表現された思想は、ひどく退行してしまう……

広く知られているチェーホフの物語の導入部について先程述べた分析は、やや長くなってしまいましたが、もちろんそれは自ずとそうならざるを得なかったというよりも芸術的な文章が、実は私たちのコントロールしている意識レベル、心理学者アレクセイ・レオンチェフ（一九〇三〜七九）の指摘によれば内省から隠されているレベルで、どのように「働いている」のかを明示するためでした。チェーホフは出だしの数語から、私たちの言語・論理的な思考を迂回させ、私たちの心理機能の、さらに深い層に向けて書いていたのはないでしょうか。
でも、もし読む人や聴く人に対して芸術作品が与える作用の特性がそのようなものであるとするならば、作品を創作する過程もまったく同じか、あるいは少なくとも同種の法則に従って展開していくのでしょうか。この問いに対して間接的な確認を見出すことができるのは、とりわけニコライ・ストラホーフ（一八二八〜九六）に宛てたレフ・トルストイの有名な次の手紙でしょう。ストラホーフはかつてのこの『アンナ・カレーニナ』（一八七三〜七七）の作者とこの小説に関わる自分の解釈を分かちあったのですが、その問題に当時の多くの読者が関心を寄せていました。

私が書いたもののほとんどすべてにおいては、自己表現するために相互につながった思想を集大成させようとする要求が私を主導したわけだが、特にことばで表現された一つ一つの思想は、その思想が存在しているつながりの中からその一つだけを取り上げると、その思想は自らの意味を失い、ひどく退行してしまう……。思想のつながり自体は、思想によってではなく（私はそう思うのだが）、何か別のもので作られているのであって、そのつながりの基盤を直接ことばで表現することは決してできない。できるのは間接的にだけなのだ。つまり、ことばで書くことができるのは形、行為、状態だ。*

しかしトルストイの言うように、もし作家が自分の芸術的思想を直接表現することはできず、間接的にのみ可能であると言うのであれば、初め漠然としていた意図がやがて完成した文章になるまでの道を開拓する時、読者にはもはや既存のものとして受け取っているものが、一方の作家にとっては、あれこれの文学的手法というものを自らの創造的探究の過程で常に見つけ続けなければ完成できなかったということです。

前世紀の初め、ユーリー・アイヘンヴァリドはトルストイについてのエッセイで次のように書いています。「彼の作品の校正稿を見た者は、作家が自身で書いたものすべてを創り直すとはいかに果てしない仕事であるか、そして作家が一行一行にどれ程の時間をかけ、どれだけ辛抱強く考え続けたか、を知ることになるだろう。そして文体や外形に関することは、同じように数え切れないほどある根気を要する修正の一つでしかないことも知ることになるだろう。修正のすべては、本質のみ、内容のみを考慮しているのである。文章表記についての配慮というものはトルストイにとっては存在しない。それは彼の考えでは冒とくであって、一つの単語について気遣うことなど、ことばにさからう罪悪である。また技術についても彼は考えず、自分を作家とは感じていなかったし、認めてもいなかった」。**

しかしながら、この著名な批評家に賛同できない理由をお話ししましょう。そう、ある種の重々しい文体、長過ぎる言語周期、反復、こういったものすべてがトルストイにはあるのですが、それでもやはり、彼にとってことばについての気遣いは存在していない、と認めることはどうしてもできないと思うのです。ですから、このことを確かめるために『戦争と平和』の、どのページでも構わないのですが、とりわけ作者の好んだ主人公が登場する場面を実際に開いてみるとしましょう。

公爵令嬢マリヤは兄の意向の大胆さを理解することができず、彼に反論する心構えができていたところに、待っていた足音が書斎から聞こえてきた：公爵は急いで歩いてきて、陽気だった。彼は歩く時はいつもそうだったし、まるで計画してせわしく振る舞うことによって、家の対立派に厳しい秩序を示しているようだった。

（拙訳）

＊トルストイ、A・N　書簡二九六　N・N・ストラホーフ宛（一八七六年四月二三日／二六日）ヤースナヤ・ポリャーナ／トルストイ選集、全二二巻、モスクワ、芸術文学社、一九八四、第一八巻、七八四ページ。

＊＊アイヘンヴァリド、Yu『レフ・トルストイ』／アイヘンヴァリド、Yu『ロシアの作家のシルエット』モスクワ、レスプーブリカ社、一九九四、二二一ページ。

この軽やかで急速な文章がいかにうまく表現されたものであるかを感じとっていただくために、もはや言語学的な分析は不要でしょう。違うのです。レフ・トルストイは深く掘り下げているのでもないし、かといって芸術的文章を構成する方法からどこかに逃げていったわけでもないのです。この例ではトルストイ的なつながり（トルストイ・チェーン）が次のようなところに表現されています。すなわち、私たちはまるで論理的な関係として個々の単語に気を留めるのを止めてしまい、引用した文章を何かのひとまとまりとして、まるで分析的な思考では摑むことができないような、複雑で多様な意味で貫かれた一つの生き物として知覚しているように思えるのです。

この面でとりわけ際立っているのは結合接続詞としての как（как послышались из кабинета ожидаемые шаги）「〜ところに待っていた足音が書斎から聞こえてきた」ですが、その働きによって父親に対するアンドレイ公爵の乱暴な意見や、いつもの恐怖に怯えながら公爵がいつ現れるのか靴音がするのを待っている公爵令嬢マリヤの無言の反論、そして類い稀なほど精力的な彼の足音、さらにそれらを通して家中すべてに服従を支配している公爵の暴君的で活発な性格といったものが丸ごと一つにまとめられているのです。またこの足音の結果として作者によってコロン（：）で分けられた後部は、このフレーズの重心、焦点であり、それに向かって、そしてまたそれを土台にして力動的に緊張したフレーズが構成されているのです。

今度はまったく別のつながりの例を引用しましょう。それはこうです。「土壌の酸性化が北半球の温帯地域の森林枯れの原因の一つと考えられている。危機的な規模での森林劣化は七〇年代初頭から見られるようになった」。前にあげた例とは違って、この、本質から言ってブレのない、優れて論理的な構成は、何らの内的な動きを持っていませんし、この文を形成している単語と単語の関係は直線的（一義的）な性格です。よってこの文章は断続的な性格とすることができます。文は個々の単語が素直に配列されていて、厳格な因果関係の鎖を形成しているので、それを意味づけるにはほんの少しばかり意志的努力が求められるだけなのです。

前章でお話ししたように、このようなタイプの思考は、神経心理学者たちによって脳の左半球の機能に関連づけられています。左半球は「順序だった論理的分析を担保する、高度に秩序化された、一義的に理解される文脈の形成」に責任を持っているのです。* 右半球の方はと言えば、現代の諸説によるとそれは多義的文脈や想像的思考の形成を保障しているのです。この思考戦略の優位さが示されるのは、「情報が複雑で、内的に矛盾があり、

*ローテンベルク、V・S『半球間の非対称性、その機能と個体発生／機能的半球間の非対称性の手引』モスクワ、科学の世界社、二〇〇九、二二六ページ。

一義的な文脈の枠では周到に表すことができない」＊場合です。

夢や芸術作品は、それこそこのような文脈の多義性の例であって、それはその言語的・論理的な解釈だけに帰することはできないのです（「ことばで述べられた思想は虚偽である」と言われる所以です）。そしてこのためなのでしょうが、たくさん見る夢を通常のことばで復述しようとする私たちの試みは、しばしば打ち砕かれてしまうのです。つまり夢の布地は私たちを避けて通り、これを復述しようとすると、陰に隠れていてぼんやりと見えるものを自分の手で書き分けようとしても、結局はどこか遠くに行ってしまいます。

しかし夢は人間の脳からの贈りものです。芸術の布地は本質からして自らの手作りですが、夢とは違って芸術家によって編まれた布地の像《イメージ》の知覚は、眠ることのない脳の活発性を背景にして進行していきます。ということは、私たちはしばしば夢を無批判的に知覚しているのだとするならば、芸術的知覚の場合は、どんな時も冷静な判断によってその悟性を確認することができるので、しばしば起こりうることなのですが、貧弱な作品とか駄作に出会うこともあるでしょう。でも巨匠たちの手によって生み出されたものであるならば、何かによって私たちを作品の催眠作用から逃れられなくしてしまうのです。

③ヴィゴツキーの例にならって

ソビエト時代の学校で学んだ者であるならば、当然誰でも理解していることでしょう。中等学校の高学年の生徒だった頃に文学初歩の時間で教えこまれた、芸術作品の形式と内容の一致に関する常用テーゼが行き渡っていたことを。抒情的な詩は軽やかで平明な文体で書かれなければならないし、喜劇的な人物は不器用かあるいは物知らずとして登場しなければならない、等々のことです。でも実は心理学者ヴィゴツキー（一八九六〜一九三四）が示したように、上述のような統一感は作り話以外の何ものでもなく、いろいろな作品（その内容）の基礎に敷かれた出発点となる当初の布地およびその芸術的な具現方法は、互いに一致してはいないばかりか、反対にしばしば矛盾しあうものであったりします。ヴィゴツキーは次のように書いています。「芸術作品は常に、素材と形式との間に、ある種の内的な不一致が存在している。［中略］そして作者がその素材に付与する形式的なものとは、そもそもその素材自体に備わっている特性を解明しようとすることに向けられたものではない。［中略］まさにそれと反対の方向をめざしたものである。すなわち元から備

＊ローテンベルク、前書、同ページ。

わっている特性を乗り越えようとするための形式なのである……」* そうなった時こそ読者に美的な情緒をもたらす火打石が打たれるのです。

まったく同じことが、作品の内容的側面とその構成的側面の関係についても言うことができるでしょう。たとえばイワン・ブーニン（一八七〇～一九五三）の物語『やわらかな息づかい』（一九一六）の構成《コンポジション》を分析し、ヴィゴツキーが示したのは、再現する生活上の出来事の時系列的な並び順を作家がどのように壊し、それを反転させることによって必要な美的効果を生み出すに至ったのかということでした。ヴィゴツキーは自らの分析結果を次のように要約しています。「物語あるいは詩のことばは、元々のそのことばの平坦な意味として、つまりそのことばは水であるかのように流れるのだが、これらのことばの水の上に建てられる構成《コンポジション》は新しい意味をもたらし、すべてをまったく別の次元に置き直し、水をワインに造り変える」**。

試みにここでヴィゴツキーの例にならってみましょう。妻が恋文を手にしてしまったおかげで明らかになった、本質的には月並みであったスティーヴァ・オブロンスキーの不貞のストーリーが、レフ・トルストイのペンによってどのようにして別物に変わっていくのかを示してみます。長編『アンナ・カレーニナ』の有名な始まり部分は、みなさんはよく覚えておられるでしょうから、それを「自身のことば」で復述する必要はないでしょう。ですが、それをトルストイがどのように描いていくかについては無条件に注意を向ける必要があります。

家庭内のスキャンダルが、前述したように、例の不快な手紙のために勃発します。しかし作家はそれが露見する場面に急いで導こうとはまったくしていません。つまり恐怖と絶望と怒りとを顔に出し、動揺している自分の妻を彼女の寝室で見つけた最初の瞬間、これをまるで遠くの出来事であるかのように、オブロンスキーが朝、自分の書斎で（妻の寝室ではなく）目覚め、いつもの位置に自分のガウンがないことに気づき、前日に起きたことのすべてを思い出した、と書いています。この記述の前には、当家における爆裂の危険をはらんだ雰囲気が描写されています。そこでは子どもたちが打ち捨てられたかのように駆け回り、大人たちはと言えば「自分たちがいっしょに暮らしているのは意味がない、どこの宿屋で偶然いっしょになった人たちでも、自分たち、オブロンスキー家の家族や召使よりも、おたがいに結びついている」（藤沼貴訳、講談社版、I、七ページ）。おおげさに取り上げる程のことではないのですが、どうでもよいようなこの話のすべては、作者によってある種の枠に入れられていて、その縁取りの中で読者によっても知覚されるのでしょう。

ブーニンの、わずか五ページの物語の意味を伝えるためにヴィゴツキーは二〇ページ余

＊ヴィゴツキー、L・S『芸術心理学』モスクワ、芸術社、一九六六、二〇八ページ。

＊＊ヴィゴツキー、同書、二〇一ページ。

りの紙面を割いています。この章の枠内で私には同じように筆を先へ進めることはできませんし、それに私が課題としているのはまったく別のことです。しかしながら、できるなら注意を払ってほしいと思うのは次のことです。例の月並みな葛藤場面の記述には無限と言っていい程の意味が置かれているということ、また作家が真正面からそれを与えているのではなく、オブロンスキー家の生活の中から生じる細々したことを次から次へと巻き添えにして意味づけていること（自分の山羊皮のソファで寝入っている時に見ているスチェパン・アルカディエヴィチの夢でさえも）、そしてさらには、これらのすべてのことが冒頭の有名な金言「幸福な家庭はみなおたがいに似かよっており、不幸な家庭はそれぞれその家なりに不幸である」によって予告されていた、ということに注目してもらいたいのです。

さて、このように芸術的な織物は巧みに編まれていて、そこではすべてが作家の意図の下で役割を果たし、すべてが利用され役立っています。だから家中を駆け回っている子どもたちも、女中頭と喧嘩をし友人に「新しい勤め口を捜してほしい」とお願いの手紙を書いたイギリス女も、食事時に家を出ていってしまったコックも、梨も（冬の真最中にもかかわらず）、その梨を持って劇場からスティーヴァ・オブロンスキーがうきうきしながら上機嫌で帰宅し、妻の寝室で、事のすべてを明らかにしてしまう恋文を彼女が手にしているのを発見した件も、みな役割を果たしているのです。そしてすべてこれらが「陳腐な、細かしいことの調和」（ヴラジーミル・ナボコフ、一八九九〜一九七七）であり、ネットワークとして私たちの意識を包みこみ、時に芸術作品の意味と呼んで漠然と理解しているイメージ像のシステムを形成するのに貢献しているのです。

④芸術文学のパン

さて、こうして考えてくると、どのような角度から取り上げるにしても、まずすべきことは作品に注目することなのですが、それはその作品の非凡な複雑さと多義性であって、つまるところユーリー・ロートマンが飽くことなく強調していた高度で十分過ぎる豊かな情報です。しかし情報とはいえ、それは極めて特異な性質のものです。内的な矛盾として、ちょっとしたほのめかし、意味上のニュアンス、どきどきさせるような言わずじまい、などに富んでいて、時には意味不明のまま、専ら憶測の域を出ないような、二次元の画像や描写に過ぎないものもあるのですが、にもかかわらずそれらが芸術文学のパンを成しているのであって、それらは言語・論理的な思考の枠内に収まり切らず、それゆえ全体的な知覚力があり、そして境界と相《アスペクト》が外見的に互いに結びついていなくとも同時に「把握」する能力を備えた右半球の「管轄」下にあるわけです。ですので論理的な思考の立場からす

＊（訳注）オブロンスキーの名前の敬称、スティーヴァはスチェパンの愛称。

れば、そうした把握はむしろ「情報不足」と呼ぶべきでしょう。なぜならそこには通常の分析的な検討の力が及ばないからです。

ここでもう一つ例をあげさせてほしいのです。再び『オネーギン』の第七章です。タチヤーナは「僧庵のような」エヴゲーニイの書斎にいるのですが、そこには「ロード・バイロンの肖像画、それに鉄の人形がつけられた柱がある」。そしてもちろん本も。

はじめのうちはとても読む気になれなかったが
ふとその本の選択が彼女には
何か奇妙に思われた。
タチヤーナは読書に耽った。貪るような心をもって
すると一つの新たな世界が彼女の前にひらかれた。
［中略］
かくてわがタチヤーナは
高圧的な運命が
恋せよと命じた男の正体が
ありがたや今は次第に
はっきりと分かりはじめた。

あの悲しげなしかも危険な変わり者
天国かそうでなければ地獄が創った
あの天使　尊大ぶったあの悪魔
彼はいったい何者なのか？　人真似か
取るに足らない幻か　さてはまた
ハロルドのマントをつけたモスクワ人か
他人《ひと》のむら気の注釈か
完備したばかりの言葉の辞書なのか？……
結局あれはパロディなのではあるまいか？
今や彼女は謎を解いたのか。
解答を見つけたのか。
時計の針はずんずん過ぎていく。
彼女は自分が、もうさっきから家で待たれているのを、
すっかり忘れていた。
そのころ家ではふたりの隣人が落ちあいて、
今をしきりと彼女のことを話していた。

（木村彰一訳および池田健太郎訳を参照）

読者のみなさんは、どのようにお感じになられたでしょうか。作家は私たちの前にこのような宿命的問題を課したまま、一瞬のうちに私たちを別のところに連れ去り、自身がうまく言えなかったか、あるいは言いたくなかったことすべてについて私たちが考え、答えを思いつく間さえ与えません。ですから、これこそ言わずじまい、なのですが、常に降りかかってくるこのような「情報不足」に私たちの論理的思考が上手に対処する可能性を与えず、まるで「その立場を譲り」、影に隠れていろと強いているようです。私たちの記憶には何が残っているのでしょうか。それはオネーギンが、人真似であり、「はやりことばの辞書」であるということでしょうか。でも、たったそれだけの意味でしょうか……もしかしたら、それとはまったく違ったことかもしれない、あるいは、もっと違うことを言っているのかも。判断は宙ぶらりんのままです。立ち止まることのない、この小話のような進行は、そのことにじっくり考えをめぐらすことを許さず、そこからすっかり解放されるには私たちの力が及びません。できることはと言えば、軽い心臓麻痺を抱えながら素直に進行を追うことだけなのです。したがって結果として言えるのは、芸術作品の織物が成しているものは、初めから定まっていることでもなく、終わりまで描き切られたものでないこと、そこには、あれも、これも、そして、さらに多種多様なポテンシャルが、互いに打ち消しあうことなく同時的に生きているのです。でも実際これこそ、まったくもって想像的思考の特別な対象でありプーシキンの小説を読んでいる時に私たちをとりこにしてしまう正体そのものなのです。

⑤美的知覚の「不思議」

修辞的な問いかけです。まず初めに、作家は何のために書机に向かうのでしょうか。「何千トンもの言語の原石の中からたった一つのことばを得るために」。そうなのです。多くの人が思っているように、まさにそうあってほしいし、作家にとっての一番の課題は最も正確で最も表現力に富んだことばを見つけることです。輝くような、私に言わせれば天才的でさえあるような、ことばの発見（『褐色と紅色まだら秋の葉』）は、たとえばラスプーチン*（一八六九〜一九一六）やアスタフィエフ**（一九二四〜二〇〇一）に見ることができます。でもチェーホフのような、背景にいつも二流作家の姿を見せているような場合はどうなの

＊（訳注）ラスプーチン・グリゴーリー・エフィーモヴィチ。帝政ロシア末期の祈祷僧でしばしば怪僧とされる。十分な教育はなかったが、洞察力から「神の人」として信者を増し、社会的影響力を得た。

＊＊（訳注）ヴィクトル・ペトローヴィチ・アスタフィエフ。ソビエトの作家。社会主義労働英雄。国家賞等を受賞。軍事的な散文を中心に小説・劇作を残し、生き生きした文体に人気があった。

でしょうか。

しかし、ことばというものは単独で存在しているのではありません。互いに複雑な「叫び合い」を始め、より上部にあるヒエラルキーの、つながりのシステムに含まれていくのです。でもこのシステムが働きだすためには、これらのすべての形容語、隠喩、比喩、それらは時に苦労して見出したものですが、やがてしかるべく最終的な文として溶けあい、死滅していきます。ちょうど生体が食べることによって取りこんだ蛋白質の分子が新たな細胞組織に生命を与えるのと同じように。そしてそこから余計なものをすべて取り除き、意味的に出来事や状況が望み通りにつながった時（それは実際の生活ではほとんど生じないのですが）、そしてあらゆる種類の「接ぎ目」も無機的な連結も無に帰した時、その時こそ真に作家の創作がよみがえるのです。そして私たちは個々の単語やフレーズに気を留めるのを止めるのです。それをヴィゴツキーの表現を用いて言うならば、「純粋な意味」で単語やフレーズを超えて推察しようとする時、読者がのめり込んでしまうような、本を読む心地よさが得られるのです。当該の文章を構成している要素毎の集合体としてではなく、各要素には帰着させることができない、一体化された芸術的－意味的な合金として私たちは知覚し始めます。

因みに文学作品についてのこのような考え方は、ひとまとまりとしての情緒的－意味的構造として、私たちの美的知覚のある種の「不思議さ」を説明してくれます。たとえば日常生活においては、論理的な不一致や不明で曖昧な箇所を含んでいても、何の中身もない伝達というのはおそらくありえないでしょう。ところが芸術的な文章ならばこのようなことは私たちを少しも不安がらせることはなく、むしろ想像を掻き立てさえします。次の例を見てみましょう。

ミハイル・イサコフスキー（一九〇〇～七三）の詩「敵は故郷の小屋を焼き払った」です。作者自身が自分の最良の作品と見なしているのも根拠がないわけではありません。実際に表現手法においては並外れて控えめであり、何とも言えない清純な悲嘆に満ちていて、祖国の詩として黄金の至宝に入るのは正当と言えます。マトヴェイ・ブランテル（一九〇三～九〇）の音楽がつけられ（ああ残念、一五年間の発禁後であったのですが）、全国民の愛唱歌となり、涙なしに聴くことはできなかった歌でした。しかし、試みにこの詩の個々の連を先入観なしに精読してみましょう。

敵は故郷の小屋を焼き払い
その家族をみな殺しにした
今度兵士はどこへ行けというのか
自らの悲しみを誰にぶつけろというのか
奥深い山に兵士はたどり着き

二つの道が交わる辻にて
兵士は広き荒野で見つけた
草の茂った丘を

「奥深い山に」……みなさんにはどうなのか知りませんが、私にとってこれは月並みな決まり文句としか思えません。たとえそれが私の「内的なコントローラー」にスイッチが入る前までのことであって、それが作動してしまえばそう思わないのかもしれないのですが。先に進んでみましょう。

兵士はため息をつき、ベルトを直した
自分の軍用袋を取り
苦い瓶を置く
灰色の墓石の上に

どうして。草の茂った丘だったのに、突然、灰色の墓石が出てくるのでしょうか。それに親しい人々を、それも無実の罪で台無しにされた者を墓地ではなく、荒野の中に埋葬しようとする人が一体どこにいるでしょうか。これは詩人の失敗作なのでしょうか。でもなぜか音楽つきの歌として知覚しているうちは、言い換えれば印刷された歌詞を手に取って見るまでは、そんなことにはなぜか気がつかないでいます。さらに先に行ってみましょう。

兵士は酔っ払い、涙がこぼれ落ちる、
かなわぬ願いの涙が。

そう、まさにこれは、新聞の編集者であったならば一つたりとも見逃しはしない、はなはだ陳腐な決まり文句でしかありません。ところがここでは、この詩の文脈上では、なぜか目にも耳にも不快さを与えないのです。次のように言うことも必要なのかもしれません。多少とも発達した美的感覚の持ち主がたちまち大声で異議を唱えるような時もあれば、ややランクの低い作者たちの作品にも真珠やそれよりももっと良いものに出会うことができるのだ、と。でもこの場合は幸運にもそうではありませんでした。というのは詩的な織物の中に、正確に見出したディテール（「兵士がため息をつく」「ベルトを直す」「自分の軍用袋を取る」）が有機的に作りつけられていて、それが「かなわぬ願いの涙」ばかりではなく、私たちの悟性的な批判的審判をも中和させているのです。この詩を聴き終えてトゥヴァルドフスキー（一九一〇～七一）は自分の同郷人で同僚である作者イサコフスキーに向かってこう言っただけのことがあったのでした。「君はたった二〇行で、私の詩ではとても言い込めることができないほどの内容をさっと言ってのけた」。

別の例です。映画『私が住んでいる家』（一九五七）の中では復員した兵士たちが、何と「戦勝記念日」に家に戻ってきます。（戦勝記念日は戦後になって制定したものであるのに＝訳者）おそらく直接参戦した経験のある者にとっては、終戦からまだ一五年目にもなっていない頃なので、明らかにこの不条理は目立たないのかもしれません。しかし間接的に戦争を知る世代の私は戦争については映画や書物によって知るわけで、何とも不可解なこの事実をじっくりと考えるためには一回や二回この映画を視聴するだけではまったく十分ではありませんでした。私と同世代の多くの者たちも、実は一人一人に尋ねてみたのですが、このエピソードを私と大体同じように捉えていました。

もちろん、この映画の中にあるいろいろな間違いについては、たくさんのことが書かれているので、ここに引用した例はその一つでしかありません。でもこのケースで今私たちが問題にしているのは、これがソビエト映画の古典的な作品であること、そして不本意ながら、芸術の真実と実際の真実について、それらは決していつも一致しているとは言えないと考えてみることが必要であるということです。「芸術と実生活とは決して一致しない」とアレクサンドル・ブローク（一八八〇～一九二一）は言っています。そして作家たちが実生活の求めるままになってしまうと、全人民的な歓喜と非常に深い個人的な悲劇（ガーリャの死の知らせでセルゲイは打ちのめされる）とを一つのまとまりとしてつなぐ、映画の大詰めの驚くべき協和音が消えてしまいます。作家たちは芸術の真実の方を選んだのです。彼らの作品がたどったその後の運命も、採った道の正しさを証明したのです。

⑥多義性、言わずじまい、意味のまだら模様

次の表現を知らない人はいないでしょう。「ことばは窮屈、だが思考は自由」。もしこれに「感情も自由」とつけ加えるならば、芸術的文章には、それ以上ないくらいしっくりします。

こんな考え方もあります。「長編小説は広がる空間である」。でも試しにこれを数学の教科書や料理のレシピ本に当てはめてみましょう。するとおわかりでしょう。そのような仮説はまったくナンセンスであると。でも実際には、この空間の広がりが大きければ大きいほど、その空間が吸収する範囲も、さらには実現されないポテンシャルさえも含めて広がり、それは私たちの想像力に与える食物もさらに多くなるということです。まさにこのことの極みとも言える作品は、今日なお話題となっているものから選ぶとすれば、『リヤ王』と『ハムレット』でしょう。なぜならば、これらの作品は答えが一つではないような問題設定にし、答えは出されないままにしているからです。そう、どのような問いに対しても、『ハムレット』は答えを与えることはできるのですが、もしこの悲劇がヴィゴツキーの言

うように「謎として故意に構成されているのであるのなら、論理的な説明に屈しない、謎としてよく考えて理解しなければならない」*のです。

これとまったく同じことなのですが、一義的な批評をしたのでは芸術を理解することができない例をあげましょう。たとえばコンスタンチン・スタニスラフスキー（一八六三～一九三八）の次の遺言を思い出してみましょう。「悪役を演じる時は、どんな場面で善良になるかを探求するのだ」。『巨匠とマルガリータ』（一九六六刊）に登場するブルガーコフ（一八九一～一九四〇）の手になるヴォランドはまさにこれであり、ヴラジーミル・サッパク（一九二一～六一）の公式を用いて言うならば「良い行いをする悪い主人公」です。一体、彼はどのような人物なのでしょうか、はたまた私たちは彼をどのように考えたらよいのでしょうか。おそらくこの問いに対して確定性のある答えは、作者自身でさえも出すことができないでしょう。善の始まりも悪の始まりもここではひとつながりになっていて、それも分光分析を用いても分けることができないくらいです。そしてまさにこれは二つの始まりの境界線上に常に彼がいるということなのですが、それは既にこの長編小説のエピグラフとして最初に置かれています（「私《おのれ》は、永遠に悪を欲し、永遠に幸福を完成するような力の一部分である」）。もし、これがなかったならば読者の心をとりこにすることは決してできないような、説明のしようのないほどの魅力をこの長編小説に与えています。この点に関してはヴィゴツキーの「矛盾した感情の連続」を思い起こしましょう。そこでは「ありとあらゆる芸術作品、寓話、小説、悲劇は必ず感情的な矛盾を内包していて、互いに対立する感情を呼び起こす」**のです。すなわち多様な方向性を持った情動が同一の芸術的空間の中に存在している場合、その空間が尋常ではなく複雑になり、また奥深いものとなるのです。このファンタスティックな芸術の複雑さのすべてを捉えることは、人間の心理と切り離してはありえません。

これまで私たちが話題にしてきたことは、想像的思考と論理的思考、その本質はハムレットでは「ことば、ことば、ことば」ですが、ことばの持っている矛盾についてでした。そう、ことばがハムレットの根本的な基盤を成しているのですが、それと同時に、ことばは論理的思考を貧しいものにしてしまい、周囲の世界を、無理やり言語的に解釈させるプロクルステスの寝台に合わせようとします。でも論理的思考は、そのことをまったく気に留めず、現実にぴったり一致する概念を強要します。ある面、これは大きな利点をはらんでもいるのです。なぜなら私たちが周囲の世界を一義的に、いわば最初の提示で理解することを可能にしているからです。もしそうでなかったならば、私たちは日常生活の場で非常に多くのことに方向定位することができなくなるでしょう。そのようなネットワーク内

---

*ヴィゴツキー、L・S『芸術心理学』モスクワ、芸術社、一九六八、二一一ページ。
**同書、二七〇ページ。

にいる限り、特別な洞察をしなければならないことは何もないのです。たとえば、大きな通りを渡ろうとする時、かねてより決まっている紋切り型の方法があるのに、その都度、どっちに進めば路面電車やトローリーバスを避けていくことができるかといつも考え続けているのは滑稽でしょう。同じようにお金は見られないところに隠して持っていた方がよいし、マッチは子どもからできるだけ遠いところにしまっておいた方がよいに決まっています。

しかしながら困ったことです。この種のルーティン的な思考は、とてつもない惰性化によって無気力を獲得してしまい、めぐりめぐって単純化され過ぎ、同一の文脈として知覚するようになるのです。試しに実験として何十人かに問うてみましょう。いくつかの単語を示し、その単語につける修飾辞で最初に浮かんだものを言うように求めるのです。たとえば、太陽、友だち、地球、天気、等の単語を示します。驚いたことに七〇パーセントの人々が、太陽には「きらきら輝く」、友だちには「信頼できる」、天気には「良い」あるいは「悪い」、そして地球には「丸い」をつけました。すなわちこれは定番とも言えるものをできるだけ選ぼうとした結果です。それとまったく同じで、子どもが学校から落第点を持ち帰ると、ほとんどの人々は怒りを持って反応しますし、有料の総合病院で相談医を選ぶ際には、学位を有する〇〇博士を選び、一方、彼はと言えば、教授と言われることを選ぼうとするのです。

線で結びつけたようなこのプラグマティズムに対して、芸術は本質的に対立するものです。ですからこの自動化主義の影響下から這い出るために芸術家は日常的な素材を、その品物や対象が既に使い古され習慣的に身に着けている意味を失うように「移動させ」なければならないのです（ヴィクトル・シクロフスキー［一八九三〜一九八四］はそれを異化と呼んでいます）が、それらのことばは新しく不意に現れた境界線を進んでいき、相互に非論理的な関係となり、つまるところ、前にお話ししたように最も芸術的な空間を形成するのです。

実際これが達成されるのは発言の意味が一義的に正確であるかどうかによるのですが、それは次のどちらかです。つまり安全技術に関するマニュアルのように完璧なまでに意味が一定になっているか、それともユーリー・ロートマンの表現する多義性、言わずじまい、揺らぎのある「意味のまだら模様」であるか、です。もちろん安全マニュアルはこのような曖昧さがあれば使い物になりません。その代わり、誰からの支配も受けないで芸術的な詩を分析していく時、読者や愛好者は、まるでもう一つの呼吸を得たかのようになり、思考を豊かにし、心をリフレッシュすることができるのです。時には自分が感じとったことをすべて「日常茶飯」のことばで伝えなければならない、という袋小路に追い込まれてしまうこともあるにはあるのですが。

もっとも現実には、生活上、私たちがどちらか一方の岸壁に留め打ちされているということは稀にしかありません。事実上私たちの思考の二つのタイプは程度の差こそあれ、互いに補いあう関係にあり、その相互作用が調和していてほしいということに尽きます。それこそ、絶えず心配事にとりつかれ、仕事ではへとへとになるまで振り回されている現代人にとって望まれます。

⑦創造の過程と論理的思考の退行

ではここで本章の冒頭で設定した問題に立ち返ることにしましょう。それは「芸術のとりこ状態」が催眠術の依存関係と実際どれくらい近いものであるのか、その場合「誘導体」は何に由来し、「受容体」は何なのか、という問いでした。今述べたことを考える上で前提として言えることは、芸術作品それ自体はその構成すべてをもって、その独自の手法すべてをもって、芸術作品を直線的、文法的に知覚することに対抗して働き、左半球の「批判的審判」を中和させ、その力によって私たち人間の想像的思考を解放している、ということでした。すなわち知覚が無批判的に行われるので、芸術を夢や催眠トランス状態と同一系列のものとして見なすことができます。トランス状態とは、意志のメカニズムをオフにする特性をはじめ他にも固有のさまざまな特徴を持っている状態を言います。

ワジム・ローテンベルクは次のように書いています。「夢を見ている時、意識は批判的な分析能力を失っているので、目覚めている時には批判傾向によって意識されずにいた事物や現象が『輝いて見える』のだろう」。[*]また催眠状態については、その本質もまた「言語的思考状態が抑制される条件下において想像的思考が相対的に優勢になっていることに帰すことができる。［中略］催眠術者との交信において集中的に注意が研ぎ澄まされることによって、想像的思考を主導的にするため論理的思考を弱化させる担保となる」[**]としています。

そしてまさにこの論理的思考の退行こそが創造の瞬間だけではなく、作家たち自身においても見られるのです。ゴーリキー（一八六八〜一九三六）、A・N・トルストイ（一八八三〜一九四五）、トゥイニャノフ（一八九四〜一九四三）、およびその他の芸術家たちに送付されたアンケート項目に回答したことばや、それにまつわる作家の台所の様子が知られていますが（彼らの回答は、一九三〇年版および一九八九年の復刻版『私たちはどう書くか』として刊行されています）、エフゲーニー・ザミャーチン（一八八四〜一九三七）はこの「第三の状態」について次のように書いています。

＊ローテンベルク、V・S『夢、催眠、そして脳の活動』モスクワ、ロシア科学アカデミー人道文学センター、二〇〇一、一一六ページ。
＊＊同書、一三七〜一三八ページ。

寝台列車のどの個室《クペー》にも象牙であつらえた小さなハンドルがついている。それを右に回せば照明の光がともり、左に回せば暗くなる。もし真中にしておくと青いランプがともるようになっている。この青い光で何でも見えるのだが、眠りを妨げるほど明るい光ではない。目を覚まさせるほど強くもない。眠りに入り私が夢を見ている時、意識のハンドルは左に回っている。私が書きものをする時、ハンドルは真中になっていて、意識は青いランプの状態である。私は紙面上で夢を見ていて、空想は夢の中と同じように働いていて、同じ連想の方法で進むのであるが、この夢を慎重に導いているのは（青いランプの）意識である。夢の中にいる時と同じで、意識にスイッチが入ったとたん、この夢も消えてしまう。*

スイッチが完全に入っているが、創造のポテンシャルを抑圧する論理的思考のプロジェクターのようではないもの、これは一体何なのでしょうか。ザミャーチンはさらに進めて、この比喩を発展、深化させながら、創作の過程を催眠トランス状態になぞらえて、次のように書いています。

最も難しいのは始めること、現実の岸壁から夢に向けて出航することである。夢はまだ抽象的で、ふわふわしていて、どうにも理解のしようがないものである。［中略〕その後ページからページに移る毎に夢はだんだん強力になり、空想のモーターはさらに回転数を上げていく。〔中略〕そしてついにいつの日かこの作業は本当に進行し、その時、初めの夢は念頭から去ることなくつきまとい、それによって催眠術にかかったようになり、通りを歩いていても、会議中でも、入浴中も、コンサートに行っても、ベッドに入っても、ずっとそのことを考えるようになる。**

これとほとんど同じような表現で同じような考え方を述べているのがアレクセイ・ニコラエヴィチ・トルストイです。「かつて、こんなことがあったよ。机に向かって腰かけて、催眠術をかけられるのを待っていた人のようにしていた」。***

もちろんこのような「異質同像」を持ち前の創作的な気性によるものとして、隠喩表現愛に結びつけることも可能でしょう。しかし、そこで起きているのは別のことであるように私には思えるのです。つまりそれは今のところまだ客観的データとして十分な用意はないのですが、作家心理の最も秘められた側面である直観的洞察力の問題なのです。もちろ

*『私たちはどう書くか』モスクワ、クニーガ社、一九八九、二五ページ。
**同書、二六ページ。
***同書、一二三ページ。

んこれは厳密な理解としてのことですが、それは催眠状態ではありません（リジヤ・チュコフスカヤ［一九〇七〜九六］がレオニード・パンテレーエフ［一九〇八〜八七］に宛てた手紙の中でこの問題を麻酔状態《ナルコース》になぞらえて「まさに直下にあることを感じない恐ろしい危険と細々した不愉快の中で生きながら［中略］内面で書いている時、もう既に本はひとりでにできあがっている」と書いています）。* でもそうは言っても何かしら脳の特別な活動レジムがあり、それは完全な「暗やみ」（夢）とも、また完全な「光」（目覚めた状態）とも違っているのです。それをどう呼ぶのか、専門家に解決してもらいたいものです。

＊＊＊

さあ、このことについては、もうそろそろピリオドを打ってもよいでしょう。しかし、どなたかには疑問が生じていることだと思います。結局「芸術的思考」という概念の明確な定義があってもよいのではないか。それに、この本の著者は辞書や百科事典で採用されているような定番の簡潔な表現からなぜ逃げようとするのか、と。思うに読者諸氏は、もはやお気づきでしょうが、私の描こうとしたのは原則的に別の道筋のことであって、そのヒントはアヴグスティン・ブラジェンヌイの次の有名な逆説の中に見出すことができます。「私は人から問われないうちは空間と時間とはどんなものかわかっている」。それと同じように私は人から問われない限り、『死せる魂』あるいは『アンナ・カレーニナ』がどのような作品であるか知っています。でもこれらの小説の本質は何ですか、と問われるや否や、たちまちそれに対して、二語でも一二二語でも答えることはできなくなってしまいます。このような問いに答えることができなかったのはレフ・トルストイ自身も同じであって、本書で既に引用したニコライ・ストラホーフ（一八二八〜九六）宛の彼の手紙でこう白状しています。「もしもだ、私がその長編小説で表現しようと考えていたことすべてを、ことばを使って言おうとしたとするならば、私は最初に書いた物語をもう一度書かねばならなくなるだろう」。** 想像的思考、それは芸術的思考をも含んでいるのですが、その可能性と隣り合わせでいる私たちの悟性的な意識がいかに無力であるかを、これ以上見事に言い当てているものは他にないと思います。であるからこそ本書ではエッセイ形式を採ったのであるし、いろいろな種類の隠喩、言わずじまい、最終的判断の回避、一義的な結論づけ、の実例を提示したことによって厳重な論理的な網で捕らえるよりも、むしろ動的で逃げ道

＊パンテレーエフ、A／チュコフスカヤ、L「往復書簡（一九二九〜一九八七）」モスクワ、新文学評論、二〇一一、一三〇ページ。

＊＊トルストイ、L・N「書簡二九六　N・N・ストラホーフ宛」一八七六年、四月二三日、二六日。ヤースナヤ・ポリャーナ／トルストイ、L・N『全集全二二巻』モスクワ芸術文学社、一九四八年、巻一八、七四八ページ。

のあるそれらの本質を伝えることができた、と思っています。

しかしながら次のこともまた真実です。それは、たとえ脳半球の機能的な非対称性に関する現代的知見のおかげで二、三〇年前よりはそれについてずっと多くのことを知るようになりえたとは言うものの、私たちはこの現象の本質について知らないことがまだたくさんあるということです。とりわけそう言えるのは想像的思考における右半球の役割についてです。多くのパラメータによってただちに情報を同時に処理し、実際には存在しないものを想像する高速の能力を右半球は有しています（左半球は段階を踏んで順番に遂行するので、より時間がかかるのです。）

かつてレフ・ヴィゴツキーは、レフ・トルストイの美的概念を論破しました。トルストイは「正しい」芸術と並んで「正しくない」種類の芸術もあると考えて、後者は私たちを捉えている感情の出口を与えてくれないばかりか、専ら「刺激的な像《イメージ》」によって心に作用し興奮させるだけ、としていましたが、ヴィゴツキーは次のように書いています。「音楽は私たちを何かに向けて駆り立て「刺激的な像《イメージ》」によって私たちに作用するが、でもそれは極めて漠然としたものである。すなわち直接的には何らの具体的な反応、動き、ふるまい、には結びついていない。［中略］精神機能を明瞭にさせ、浄化させながら、それまでは抑圧され、圧迫されていた力を開発し、実動化させる」。* もう何も言わない方がよいでしょう。そう、この最高たる心理学的なメカニズムは「直接的にそれは何らの具体的な反応、動き、ふるまい、には結びついていない」のであり、従来通り私たちには謎として包まれているのですが、その謎について考えこんでいる人間には挑戦を仕掛け、「刺激的な像《イメージ》」によって働きかけてくるのです。

＊ヴィゴツキー『芸術心理学』モスクワ、芸術社、一九六八、三二〇ページ。

第3章

自分は書き方を知っている、ということを忘れる

①決してプランは作成しない

以前、長編小説『われら』（一九二七・チェコ、一九八八・ソビエト）の著者に極めて不都合なことが起こりました。書く力を失ったと言うのです。しかもそれは年を取ったせいでも、重い病気の後だからでもなく、十分に健康で元気いっぱいの年齢であった頃のことでした。一九二〇年代の初めのことです。そのいきさつについては、後になってエヴゲーニー・ザミャーチン自身が「睡夢」と「不眠症」の概念を隠喩的意味合いで使いながら、次のように回想しています。

芸術会館にあるスタジオで私が『散文芸術のテクニック』と題して講演をしていた時のこと、初めて自分自身の創作の「舞台裏」をのぞいて見るはめになったのだ。そしてその後数か月、私は書くことができなくなってしまった。まるですべて順調であるかのようだったのだが、白紙の紙面が広げられると、すぐに睡夢に襲われてしまう、か、と思うと突然、目が覚め、すべては消え去る。なぜなら私は（意識して）睡夢のメカニズム、リズム、反復韻（アソナンス）、イメージを追いかけることを始めていたからだ。つまり私は、舞台裏にあるロープ、滑車、床の開閉口が見えてしまったのだ。この不眠症がようやく止んだのは、仕事中、自分は書き方を知っている、ということを忘れる、のを学んでからだった。[*]

この文脈における次のキーワードに注意してみましょう。「自分は書き方を知っている、ということを忘れる」すなわち、どう書いたらよいかわからなくなった、ということです。では、それがわかっている、とは、どういうことなのでしょうか。

『私たちはどう書くか』という本に載っているアンケートの質問項目の中で執筆活動の舞台裏に入るものとして次のようなものがあげられていました。「予めプランを作成しているのかどうか。そしてそれはどのように変更されていくのか」この質問に答える時、多くの作家は驚いたことに、まったく同様に回答したのです。

「決してプランは作成しない、作業の過程で自ずとできあがり、登場人物たちがそれを完成する」[**]（マキシム・ゴーリキー　一八六八〜一九三六）、「前もって製図されているプランや、部分毎、章毎、細部にわたって分割して作成される建物の設計図のようなプランづく

＊ザミャーチン、E・I「舞台裏」ザミャーチン、E・I『人物』モスクワ、ベルリン、ディレクト・メディア、二〇一九、一八六ページ。
＊＊『我々はどう書くか』モスクワ、一九八九、二三ページ。

りは無意味な企てでしかない」*（アレクセイ・トルストイ）。

『書く』というようなことを始めるには、もちろん、プランに従ってやるさ。だが大体四分の一ぐらいできた時に、まず不和が始まり、その後に著者と登場人物たちとの厳しい言い争いが生じるのさ。作者は登場人物の鼻先にプランを嗅がせる。『こっちだ。ほらこの位置だ』とね。だが当人たちは譲らす、そこに入ろうとはしない［中略］言い争いや、著者と登場人物との衝突から、その後の長い創作生活の道を照らす火花が飛び交い、真実が誕生するのだ」**（ヴャチェスラフ・シシコフ、一八七三～一九四五）等々。

そしてアンケートの回答者の中でたった一人だけが構想されたプランに忠実に従っていると伝えてきた作家がいたと言います。それはコンスタンチン・フェージン（一八九二～一九七七）です。「仕事を始める前に私はそれ用のプランを作成している。もし短編を書こうとするなら用紙二～三枚に、各々の章について、あるいはその主題の各部分毎に割り振る。［中略］その物語のプランは執筆中に変更されることはめったになく、頭の中にはすっかり完成した物語が見えていて、その全体の尺や各章の尺がわかっているのだ」***。

ベネディクト・サルノフ（一九二七～二〇一四）は、この異常さに注目し、それについて次のように指摘しています。「著作者の意志から外れてしまう登場人物がいないような作家、主題として生かそうとしていた『現実性の概念』が何もされずにそのまま用いられるような作家は、芸術家と呼ぶべきではなく、むしろ別の呼び方にすべきであろう。たとえば、装丁家とでも」****。そして当のフェージンについては次のように書いています。「何だったかK・フェージンの自伝的手記を読んだのを覚えているが、それは、彼の両親は息子が製図家になることを夢見ていた、という内容だった。読み終えて笑ってしまった。だってお前は製図家になったではないか。お前の両親はお墓の中で安らかに眠ることができる」*****。

この批評がどれくらい正当と言えるかはわからないのですが、フェージン三部作の、第三部、すなわち長編『焚き火』（一九四九、未完作品）については少なくとも「新世界出版社」では校閲者以外、誰一人読んでいないはずで、まったく正当な評価です。しかし、このようなタイプの、ことばの芸術家は一体どんな人と同列に並べたらよいのでしょうか。装丁家なのか、それとも製図家なのか。（「まあ、そりゃ、筆記者《ディクタント》さ」だろうと、このような例をミハイル・ゾシチェンコ（一八九四〜一九五八）は言いましたが、）明らかなのは次のことです。このような、指図通りにする仕事は直観の自由と想像の自在な飛行を奪い取り、芸術的構

---

*同書、一二七ページ。

**同書、一七一ページ。

***同書、一五四ページ。

****サルノフ、B・M「スターリンと作家たち」『スターリンとプラトーノフ』第三分冊、モスクワ、エスクモ社、二〇〇九、八五一ページ。

*****サルノフ、B・M「白い亜麻」『文学』誌、二〇〇二、第四五号。

想に益することはなく、それを貧しく稚拙なものにしてしまい、規範によって摩耗した、いわゆる社会主義リアリズムの、気がめいるような出版物を作成した原因の間接的な確認に益するだけです。

しかしながら一九二〇〜三〇年の変わり目の時期、文芸的な思潮が専ら力を集中させて次のような問題意識を持つようになりました。それよりもっと重要なことは何か。それは作家の思想的な立場であり、自らが直面している文学的課題の正しい理解、あるいは自身の直観や創造的な探求の支えとなるものを作成し、それで、作家を制御不可能な意識下の密林《デブリ》に引っぱり込まれると脅迫することなのだろうか（それをとりわけ恐れていた）。これは偶然ではないのですが、ラップ（RAPP）の、件の思想家の一人、I・ガヴリーリンが雑誌『文学の職務にあって』（すばらしい名前だ！）においてピリニャーク（一八九四〜一九三八）やザミャーチンと論争しています。それは、『私たちはどのように書くか』の紙面上で自らの創作の舞台裏を分かちあったものでしたが、そこでは非常にあけすけに次のように表明しています。「彼らは本質からしてブルジョア的な作家であり、意識に対して刃向かうことなどできるはずはなく、意識を追放することもできない。なぜなら社会的現実のあらゆる意識的な知覚が語っているのは彼らの差し迫った避けられぬ死についてであり、前線で進行する社会主義に対して屈することの不可能性についてであるからだ」。すなわち、現実に対する「意識的で」「頭を使った」関わりのみが、作家に生活の真実に参加することを可能にし、その際のあらゆる回避は、袋小路に陥ることが避けられず、つまりは「不可避な死」に向かっていくのです。

でも実際のところは、いろいろな真実がありえます。新聞の社説にだって真実はあります。たとえば先のガヴリーリンの記事に書かれているのと同じような内容で、自らレッテルを貼ったような「反革命的な作品」や、あるいは本質から言って「ブルジョア的な作家」もいます。それに同意するも反対するも可能ですし、知性にも心情にも何も与えないものも、心情と真実の両方を持っているものもあるのです。言うまでもないことですが、読者にとって必要なのは後者であり、作品に自身の想像と潜在意識とが引き込まれていくものです。

かつて若かりしレフ・トルストイは、彼のこの小説の清書原稿には入っていないのですが、『幼年時代』(一八五二)の読者に向けて次のように書いていました。「私の本の多くには、選りすぐりの読者になってもらえるように、ほんの少しばかり求めたいことがある。

＊ロシア・プロレタリア作家同盟(一九二五〜三二)。国家依頼による作家連盟であり、M・ブルガーコフは『巨匠マルガリータ』の中でマソリートという名で用いている。
＊＊ガヴリーリン、I「ピリニャークとザミャーチンの自己暴露の新しさ」『文学の哨所にて』一九三一、第五号、三三ページ。

それは私の物語を読む時、あなた方の胸を打つような箇所を捜してほしいのだ……歌を歌うにも二通りあるだろう。喉で歌うのと胸で歌うのと。喉の声は胸の声に比べてはるかにしなやかであるが、その代わり心情に対して作用しない……文学でもまったく同じである。頭で書くことも心で書くこともできよう……私は常に、頭で書き始めたなと思ったら一旦書くのを止め、専ら心で書くように努めた……」*

本書の前書き部分で筆者は既にこの表現を引用しているわけですが、今少し詳しく触れるべきでしょう。それにしても「心で書く」とはどのような意味でしょうか。これが隠喩であることは明らかなのですが、一体どういうことを言っているのでしょうか。

それを次に検討してみましょう。

②論理的思考と想像的思考との間

このような表現があります。それは「冷静な理性」です。これが見られるのは、レンスキーの決闘申込みを言伝ってザレツキーがエヴゲーニイ・オネーギンを訪ねた場面です。この挑戦をためらうことなく彼が即座に受け入れていることに注目してみましょう。

エヴゲーニイはその話ですぐにこの言伝てを

もたらした使者に向かって
余計なことは一つもきかずに
「いつ何時でも応じましょう」と言い切った

（木村彰一訳　講談社版）

というのは、最も恐れていたのは彼のはずであるのに、まるでこの決闘好きの専門家でおしゃべり屋が実は臆病な人間であるなど疑いようもない表現ですね。でも、これこそ情動というものです。そしてザレツキーが出ていくと一人ぼっちになったオネーギンは、それまでとまったく違って本音をさらけ出すように振る舞ったのです。そして最初に発したのは、心のはずみから出た自らの答えに対する不満でした。

それもそのはず　心の奥の
法廷におのれを立たせ　きびしく糾問してみると
責むべき点は多くあった。

＊トルストイ、A・N『全作品集』第一巻、モスクワ、ロシア国立図書館、二〇〇六、二〇八ページ。

まず第一に　ゆうべああして見境もなく
臆病な優しい恋をからかった
あの振舞いがすでによくない。
第二には　かりに詩人が愚かな行為に
出ようとも　十八歳の年齢《とし》に免じて
大目に見るのが当たり前。エヴゲーニィは
この青年を心《しん》から愛している以上
偏見の凝り固まりや血気にはやる少年や
喧嘩師のようにではなく
誠実な分別のある一人前《いちにんまえ》の男として
振舞うべきであったのだ。

（同書）

オネーギンが自身に呼びかけている、心の奥の法廷が語っているのは、彼が既に完全にそのつもりになっていて、自分の意のままに意見を述べる力があるということです。たとえば実際の法廷では、告訴を支持する理由があれば弁護を支持する理由もあり、裁判官たちはすべてそれらを一つの「かご」に入れ、自らの評決の出口を宣言するのです。まったく、あるいは、大体この例と同じような仕組みで私たちの論理的な装置も働いていて、まさしく『文学の職務にあって』はそのことを期待しているのです。つまり前述したように、初めに自分の思想的立場を定めておいてからその後に書机に向かうようにしよう、ということです。

しかし実を言えば思考は論理的であるばかりでなく非論理的でもあるのです。ご存知のように論理一辺倒では遠くまで行けやしません。ところでこのことに関してはミハイル・ブルガーコフの長編小説『巨匠とマルガリータ』が丸ごと当てはまるということができるでしょう。この作品では、一方でヴォランドと彼にまとわりついている一味によって、平凡なソビエト市民は愚弄されたり、からかわれたりするのですが、他方ではこれらの市民が、文芸家協会会長で雑誌の編集長ベルリオーズ、詩人ベズドームヌイ、劇場の音響委員会の代表センプレヤーノフ、アパート三〇二番地の住居者組合の議長ボソイという顔をしています。それにしてもなぜヴォランドとその一味の、犠牲的行為はたやすく信じられてしまうのでしょうか。そう、それは何よりもまず自らの論理的思考を無分別に信じていたためですが、人々はそのような思考こそ、唯一ありうる、そして決して裏切らないもの、として受け入れてしまっていたからなのです。

これについては、ヴォランドが最初にモスクワのパトリアルシュ池公園の並木路に現れ物書きの二人と出会う場面を思い出してみましょう。ヴォランドはこの二人を大いなる喜びをもってけむに巻き、非日常的なるものを日常的なるもので説明するように仕向けます。そして何ともおそまつな二者択一法で、作家としての思想、つまり、博学な編集長とまだ生半可な詩人の思想は撹乱されてしまうのです。外国人観光客かそうでない人か、正常である人かそうでない人か、英国人（仏人、ポーランド人）のスパイであるかそうでなくてこっそり入国してきた白系亡命者なのか、そんなこと以外、二人の頭には浮かばなくなってしまっているのでした。

そもそも論理的思考が持っている不完全さについては心理学者たちによく知られていました。ローテンベルク教授の見解をもう一度引用しましょう。彼はこう書いています。「論理的思考は、その本性から言って二者択一的である。それは受容と排除が同時に存在するアンビヴァレントな関係、黒と白との間の中間の色合いも、「イエス」と「ノー」の中間的なヴァリエーションを認めていない。〔中略〕人間間に絡んでいる大部分の、まったく人間的な問題にはそのような二者択一的な決定の原理にはなじまない」*ということは、想像的思考がありとあらゆる矛盾に満ちた多様さを含む現実を映し出し、まったく別のところから私たちに働きかけているのです。それによってこれらの矛盾は互いに排除しあうことなく「対等に」共存していて、それこそがあらゆる古典文学作品の描写において役立っているのです。

そのようなうちのいくつかを思いつくままあげてみましょう。たとえば『黄金の仔牛』

（イリフとペトロフ、一九三一）です。実のところ、オスタプ・ベンダーという登場人物はどのような人間なのでしょう。肯定されるべき人物なのか、それとも否定されるべき人物なのか。どこかしら彼は共感を抱かせますし、どこかしら笑い者にされるようなところがありますが、結局、さまざまな立ち位置が別々に分けられないほど絡み合っていることがわかります。そしてまた、彼のこのような矛盾した、アンビヴァレントなところこそ芸術的イメージが活性化する担保となっているのです。またベンダーという人物の有名な台詞は既に名句になっていますが、始めたものの失敗に終わった億万長者コレイコへの恐喝の後、いまいましさの感情に突き動かされて、自分の子分に別れ際、ちくりと刺したのでした。こう言います。「何という幸せなのだろうか、自由でいられる、とは」と。復讐心のあったオスタプ・ベンダーが発した、これら六つの単語からなるフレーズ（С таким счастьем – и на свободе）には何と多様な意味が込められているのでしょうか。それには皮肉も、脅迫も、また哲学的な隠れた意味も、他にもたくさんの意味が含まれています。そしてこれらすべての多様な意味や企ては、相互に重なりあい、相互に豊かにしあいながら、この短いフレーズの内容の空間を広げているのです。

＊ローテンベルク、V・S『夢、睡眠そして脳の活動』モスクワ、ロシア科学アカデミー人道文学センター、二〇〇一、一二二ページ。

③「かくて神は我に与え給うた」

イリフ（一八九七〜一九三七）とペトロフ（一九〇二〜四二）の資料館には注目に値する文書が保存されていました。それは彼らが『プラウダ』紙に執筆した時事コラムの一つ「工場長の尋常ではない苦しみ」に対する当時の検察当局の反応です。国家の大手新聞の刊行に対して敏感に反応することは、当たり前のことと考えられていた時代でした。でも実際には、批評コラムは論説記事ではないので、本当の出来事もコラム上ではグロテスクや虚構と絡み合ってしまうのです。順番を守らずに車を手に入れようと渇望する者たち、ありとあらゆるブローカーや購入調整役たちからの圧力によって、へとへとになっている自動車工場長の氏名は明らかにされていません。車が欲しいと願う彼らは工場長を追いかけ回し、バーターでそそのかしたりするのですが、最も才ある女性ブローカーは、ジェヴィエヴァとか言う女性の名前で、中央郵便局で口に赤いバラの花をくわえて待っている、とメモ書きを送りつけるといったことまで行われたのです。これは確実に冗談であると誰もが思い、コラムの読者たちはそう理解していたのですが、検察局の取調官は審理が必要な事案であるかもしれないと捉えました。これは冗談などではない、と。重箱の隅をつつくような質《たち》の取調官は職務に忠実であり、熱心に工場長の姓を確かめたばかりか、得られている情報にも対応して次のような文面を残したのです。「工場長である同志ジャゴーノフ宛の書簡に関しては、中央郵便局で接触する指示と口にバラの花をくわえている旨、編集部への手紙において知られるものの、これらの事実は確認されるに至らなかった」。*

イリヤ・イリフは自分の覚え書き帳に「脅かされたことのないばか者たちの世界は、生き苦しくて退屈だ」と記しました。しかしながらこのことは重箱の隅をつつくような取調官の慣用句的な言動だけを言っているのではなく、彼の真正直さ、空気やニュアンスを読めない鈍感さ、冗談やユーモアを解せない無能ささえも併せ持つ取調官の論理的思考の不条理とさえ言えるような、その不完全さについて述べているのです。とりわけ数多くこのような思考をする人物がはびこるのは変わり目の時期、一九二〇〜三〇年代ですが、ソビエトではその頃までに未曾有の怪物の力が集積していました。それは直線的な大衆的思考を形成する類型論を特徴とし、自らの市民の精神生活を統制しようとする全体レジムのことですが、それについてはミハイル・ブルガーコフが不朽の名作として出版しています。

ユーリー・コルカーは、ソビエトの作家第一回大会を記念する記事で次のように書いています。「とんでもないことだ。一九三四年、キーロフ殺害の直後、まるで水のように流れ始めた人間の血が意識に生じる。これはもちろん重大なことである。だがそれは過去を

---

*ヤマノフスカヤ、L・M『なぜあなた方は、滑稽に書くの？　I・イリフとE・ペトロフ、その生涯とユーモア』モスクワ、ナウカ社、一九六九、一六三ページ。

見つめるルーペを手に取る価値とともに、少なからず別のことで私たちを驚かす。それはロシア人民のカフカがすっかり夢中になってしまったヨハネ黙示録に見る生真面目さである。［中略］もう少し軽薄で、もう少し軽率な指導者であってくれたならば（フランスかイギリス式に）、もう少し学がなくていたら、ラーゲリや二〇世紀の戦争で横死した者の数が幾百万人は少なくて済んでいただろう」。*

ところでこのような圧迫によって当時、作家たちの思想は押さえつけられていました。確かに時代の要求に順応し、偽のロマンティシズムや偽の情報が川となって流れ、部数十万部の本が出版され、スターリン賞を得たものも少なくなかったのです。でも自身の芸術的な使命を変えたくないと希望する作家は圧迫を受けていただけではなく、そうすることが自分にとってつらい結果になるだろうと知りながら、あるいは正確に言うならば、感じとりながらも、自分の歌を声の限りに歌いました。

本質を言うならばまさにこのことから、自身の内面的な自由に対する権利を固く守ろうとしていた人々、すなわち『私たちはどう書くか』という本の関係者や若手の作家たちは警戒を促そうとしたのでした。そこでは作家として創作する際の意識的なものと無意識的なものとの相互関係に関する問題が紙面の最下位に置かれていたのではありません。作家アンケートの問いに答える時、ザミャーチンは、思い出してみましょう、彼は創作を「意識を慎重に導く」紙面上の夢になぞらえて、その相互関係の本質を伝えようとしていました。ですが「意識のスイッチが完全に入ると、夢は消えてしまう」。スイッチが入った意識とは、もちろん左半球の論理的思考のことです。想像的思考との二律背反性についてはここでは一言も言っていないのですが。まして脳の両半球皮質が機能上の非対称であることなどを言っているのではありません（当時それについてはまだ知られていなかったのです）。しかし意識が作家のペンを慎重に導いていることはザミャーチンにとって既に自明のことでした。しかしもし、慎重に、ではなかったとしたらどうなるのでしょう。

かつて長編小説『バービイ・ヤール』（一九六八）の著者アナトーリー・クズネツォフ（一九二九〜七九）は、若き同僚たちとともに腕を磨こうと「小説の日」を設けて書くことにしました。ばかばかしい！　いかなる努力の方向性も、いかなる善良なアタックも創作上の成果に導くことはありませんでした。なぜなら本書で話題にしているのは、まさに想像的思考の解放についてであり、そしてそれはかなり繊細な布地なので、直線的で粗野な介入はどんなものであれ、受け入れられないからです。

グリゴーリー・バクラーノフ（一九二三〜二〇〇九）は、その覚え書きで次のような回想を残しています。「私は根気を試してみたくて、書いて、書いて何度も書き直してみたが、

＊ユーリー・コルカー「カフカ主義者の事実談、第一回ソビエト作家大会を記念して。」『消息（テル・アヴィヴ）』二〇〇四年九月一四日。

腕力ではうまく書けなかった。当時、私は長編物を先延ばしにして小説『カルプーヒン』（一九六七）に取りかかった。第一章は楽に書けたのだが、言ってみれば自己満足だった。だがそこから先は進まなかった。まさにこれは二兎を追うものは一兎をも得ず、だ」。*

一般に広く知られた本を何冊も書いていて、当時既に熟達の域にある作家が、一体どうしてこのような状態に見舞われたのでしょうか。「私が棒を切り始めた子どもの頃、いつでもそうすることができた。テラスに座り、ひたすら棒を切っていたが、そのことを特に考えてしていたわけではなかった。だが何も考えていない時というのは、ひとりでに考えていたということなのだ。そして、次第に大事なものが戻ってきた。初めは『一九四一年七月』（一九六五）、それに続いて小説『カルプーヒン』（一九六七）を書き上げた」。**

ここで書かれている、まるでいとも簡単と思える方法に注意を向けてみましょう。「テラスに座り、ひたすら棒を切っていたが、そのことを特別に考えてそうしていたわけではなかった」。つまりこれは「考えてしていたわけではなかった。だが何も考えていない時というのは、ひとりでに考えていた」のであり、それこそ、私が発見したちょうどぴったりの公式です。引用しようと私が求めていた作家の証言です。言うなれば、疎開した、つまり意志の手綱を放して自らの分析的な思考の括弧の外に出た作家は、袖から出た鳥のように、非言語的な、別のもう一つの兵器庫から頭の中でひしめいていた思考を解放することができたのです。もちろん作家の頭が非言語的な思考で一杯になっているという条件が満たされたならば、それはすなわち想像的思考を再編するための材料になるということです。前述のザミャーチンの場合と同じく、ここでも想像・論理の二律背反についてなど一言もありはしません。もっともバクラーノフは心理学者ではないので、そのことを知らないということもありうるでしょう。ところがそれについて私たちは知っているのですから、プロの文筆家の口から出た、最後の最後まで考え抜かれた形のものではないとしても、バクラーノフの説明によって裏付けを取れたことの価値はひとしおのものです。

ところでマリーナ・ツヴェタエヴァ（一八九二〜一九四一）は似たようなことについて一九四一年一月の自分の作業ノートにこんなことを書いていました。

昨夜、ラジオで、プロコフィエフは（差し迫ってオペラを書いている。彼にとってオペラは職務だ）このオペラは非常に急いで書き上げなければならないと本人の口で言った。初演が五月に上演されることになっているから。

＊バクラーノフ、G・Ya『黒い戦線の雪上にて』モスクワ、ロージナ社、二〇一九、一四三ページ。
＊＊同書、同ページ。

セルゲイ・セルゲーエヴィチ＊さん、急いで書かなくてはならない時、あなたはどうやって書くの。だってそれはあなた次第なのでしょう。あなたが書くしかないのでしょう。［中略］速いわ。止まらず、脇目もふらずに、一年中、書くことができるのね。できるわ。机に向かっていなくても、それも突然に四行詩が丸ごと、できあがる。最後に残った一枚のルバシカ［シャツ：訳注］を絞りながらでも、かばんの中をがちゃがちゃ掻き回し、ちゃんと五〇カペイカ［硬貨の単位、一〇〇分の一ルーブル：訳注］になるように集めながら二〇と二〇と一〇だと考えている時でもね。

毎日書く。そうよ、私はずっと（意識して）そう生活している。一か八かでね。毎日書くことから始まり、急いで書き上げることもある……あなたの自信はどこからくるのかしら。経験かしら。私にも経験はあるわ。あの『ねずみ捕り男』＊＊はね、長男ムラが生まれるまでの何か月間で始めたの。雑誌に頼まれ、急がされていたの。月に一章ずつ書いたわ。でも、期限内に書き上げられるかどうか、いつ終わるかわかるかって。章の長さや、いつ終わるか、わかっていたかって。章は、突然、終わるのよ。ひとりでに。それに必要なことば（時には音節）でね。絶望に陥ること、あるわよ。すると、そこから、「急いで書く」ようになるまでは時間がいるわ。［中略］さあ、始めようか、（あるいは）さあ、やろうよ、こんな具合に私ののどの仕事も始まり、ひどく拙い翻訳も始まった。でも私は韻律を決して神頼みになんかはしなかった（これこそ、私の仕事だから）。私が神様にお願いしたのは韻律を見つける力、この苦しみに向かう力よ、神よ、韻律を与え給え、ではなく、神よ、この韻律を見出す力を与え給え、この苦しみに立ち向かう力を、だわ。そして与えられた。かくて神は我に与え給うた。***

さらにもう一つユーリー・トリフォーノフ（一九二五〜八一）の論文『終わりなき始まり』（一九七三）から興味深い証拠をあげようと思います。それは創作過程の隠された秘密への自身の残照とも言えるものです。

熟考するために最良の時、それは朝、それも早朝、まだいくらか寝ぼけている、といったような時である。目を覚ました直後の何秒間かは鋭い推測力が生まれる。

＊（訳注）プロコフィエフへの敬称表現。セルゲイ（名前）セルゲーエヴィチ（父称）。
＊＊（訳注）一九二五作品「ハーメルンの笛吹男」の詩作化。
＊＊＊ベルキーナ、M・I『運命の交差点』モスクワ、クニーガ社、一九八八、二三八〜二四〇ページ。

そこに、どんな秘密があるのかはわからない。多分この瞬間は浅い眠り・半睡眠状態でいる時なので何かしら解放され、抑制から解除されたイメージが働き、それらが素面《しらふ》の日中の思考と衝突し、この衝突からきらめくような推測力が生まれるのだ。*

驚く程、繊細な省察です。今日ならば、論理的思考と想像的思考の二律背反性という現代的な解釈でそれを説明することはおそらく何の困難もないでしょう。実にそれらの二つの思考は相互に補完しあうばかりではなく、互いにしのぎを削っているのであって、私たちの日常に起こる絶え間ない変転を背景にして、論理的に形成されたものが主になっているのがふつうです。だからこそ、目覚めた直後の一瞬、「素面《しらふ》の間の思考」がまた意識をとり戻していないうち、そして私たちの自己が主要な支配者として働いていないうちこそ、何にも窮屈にされることのない想像的思考にとってとりわけ好都合です。こういうわけで、まさに眠っている時と眠っていない時の接ぎ目に、ふと思いついたりひらめいたりする推測力が突発的に生じるのです。

④自分の作品で言いたいことは何か

「最も意地悪な質問はこうだ。あなたが自分の作品で言いたいことは何なのか、できることすべてを言いたいに決まっているさ。批評などは知ったことではない」と、この切実なテーマに対してユーリー・トリフォーノフはそう言い放っています。**言い換えるならば、何のためにこれらすべてが書かれたのか、ということでしょうか。

実際、長編にせよ短編にせよ、その意図するところを言い直してみる、もう一度言い換えることとは、その作品が月並みで思弁的なものでない限り、たいていの場合、不可能なことなのです。既に私たちの知っている通り、レフ・トルストイは『アンナ・カレーニナ』について、そうしてみようと試みたのですが、実際には何も説明することができませんでした。ですが彼の言いわけから何か為になることがあったとしたら、それは、創作の過程で言語が果たす役割は限定的である、と確認できたことです（これは確かに非常に重要な点です）。

それでは『アンナ・カレーニナ』には何があると言うのでしょう。わずか二ページぐらいの巧みに書かれた何らかの物語や、あるいは長編作品の中の短めの断片部分であったとしても、しばしばその主題を明確に言い直してみることなどできやしないのです。という

*トリフォーノフ、Yu・V「終わりなき始まり」『トリフォーノフ選集全四巻』第四巻、モスクワ、芸術文学社、一九八七、五三六ページ。
**同書、五三七ページ。

わけで、逃げてしまっているその意味を摑み取るためには、その物語なり長編の断片なりに含まれている語彙数よりも少なめに、時にはそれよりも多めに、ことばを用いながら、モデルとなっている構造か、あるいはことばの樹林のようなものにもう一度、立ち返るしかないのです。

例をあげるならば、ヴィサリオン・ベリンスキー（一八一一〜四八）は『エヴゲーニイ・オネーギン』を批評的に分析する過程で、最初のたった第一章の一連だけの内容を伝えようとして大体二ページを要しています。「私たちは理解している。どの点に多くの読者が何と激しく自分の憤激をあらわにしたか。それは、自分の叔父の病を喜び、悲しげな親戚の振りをしなければならなかったことにぞっとしている、点に対してであったということを」。

溜め息ついて、腹の中じゃあ
こん畜生　いつお迎えが来るんだなどと

（木村彰一訳）

そしてさらに考察は続き「プーシキンは自分の長編作品の登場人物として、どんなに見事に上流社会の人間を取り上げたか」、上流社会の人間は偽善がないことを長所とし、「そして粗野で愚かであるが、同時に善良で誠実な人間として受けとめた」としています。さらに、オネーギンの内的独白として大まかに見えてくる嘲笑癖が為せる軽々しさについては「見えてくるのは頭の良さと自然体の話しぶりである」が、あるがままの姿の代わりに偽善的な感情を与えてしまいがちで、町人的にもったいぶる主人公の矛盾した性格、などについても書いています。* そしてこれらすべては一四連の、短いけれど大容量の詩文の代わりをする批評なのです。

ですがこのようなこと、つまり批評家が作家の詩行にはない思想や感情を加筆するということには一体どんな意味があるのでしょうか。いや、そこには多種多様な企図や意味のすべてがあるのはもちろんなのですが、しかしそれは論理的思考の視野で捉えられたものではなく、想像的思考の視野でのものであるとしたら、本来、言語では表現できないものであり、制御されていない意識によるものであると考えるべきでしょう。ところがそうなると、どちらもが真に芸術的な創作として優れているという複雑さもあるのですが、それについてはユーリー・ロートマンが一度ならず次のように指摘しています。「……言語を

＊ベリンスキー、V・G「アレクサンドル・プーシキン選、第八論文」ベリンスキー、V・G『選集三巻本』第三巻、国立書籍・雑誌出版連盟、国立芸術文学出版社、一九四八、五一一ページ。

素材として創られた複雑な芸術的構成は、もとより言語構成の初歩的な手段ではまったく及ばないような情報の広がりを伝えることができる。このことから当該の情報（内容）は当該の構造なしでは存在することも伝達されることもない、という結論になる」。*

非武装の目では見ることが不可能な、例の理解困難な一四行詩の節にある特別な情報は、時として私たちを狼狽させます。こう感じてしまうのです。そこにあるのは何であるか、それが私たちの何を満たそうとしているのか、そしてこのような意味の洪水に息が詰まりそうになるのですが、素朴な論理的思考力では見破ることができません。もっとも今度は分析的なメスを助けにして、それを取り出したいという誘惑が生まれたりはするのですが。でもそのようなメスを以てしても無駄に終わるわけは、本物の偉大な文学は、時事的なテーマによる作りものと違って何も答えてくれないばかりか、答えが一つだけではないような問題を課して読者に迫ってくるからです。

たとえば自らの長編小説『カズース・クコツキー』（二〇〇〇）の序文で、リュドミーラ・ウリツカヤ（一九四三〜）は作品で取り上げている諸問題のうちのいくつかについて述べています。人間としての自由の境界はどこにあるか、健康と病気の境界はどこで引くのか……これらの問いは、論理的構造の助けを借りなくても回答可能な問いである、ということには同意していただけるでしょう。でもその代わり、彼女はこうつけ加えているのです。この小説の中で「これらの諸問題について熟考の結果がある」し「答えが出てくる方向への内的進展はある」と。

このような「内的進展」あるいはヴャチェスラフ・シシコフ（一八七三〜一九四五）の表現によれば「真実が生まれる途上としての、創作活動の道」があり、おそらく、芸術作品には含蓄のある意味があるということでしょう。それによって論理的な実直さは芸術的な深みや広がりの消滅、その平凡化と単純化を招いてしまいます。そういうわけで多分、作者には自らの登場人物たちの後を一歩一歩ついていく以外に他の出口はなく、予めどこに連れて行かれるかわかっていないということでしょう。ベネディクト・サルノフはこう書いています。「作家は、仕事に取りかかるも、自身はまだ自分の現実の成り行きについてコンセプトを持っているわけではないのである。［中略］そのコンセプトは、初めのうち『魔法の水晶玉を通して』ぼんやりとしか見えていない。やがて将来の作品の主題となるものが生まれ、建ち並び、だんだんはっきりと見えてくるようになる」**。そしてまったく同じ考えを、詩作《ポエジー》に限ってではありますが、ヨシフ・ブロツキー（一九四〇〜九六）にも見

*ロートマン、Yu・M『ポエジーの本性：構造詩学講義／Yu・M・ロートマンとタルトゥ・モスクワ記号論学派』モスクワ、グノージス社、一九九四、八六ページ。

**サルノフ、B・M「どういうわけか私は彼が気に入ってしまった（A・G・デメンチエフについての思い出）」『文学の諸問題』二〇〇七、二号。

出すことができます。「詩作を始める時、人はそれがどのような終わり方になるのかわかっていないのがふつうで、時には完成したものに驚くこともある。というのは〔中略〕しばしば詩人の考えは、当初彼が予想していたものよりもはるか遠くまでたどり着くからだ」。* そしてこのように行先に不案内でいることや、それを探索しようとすることでさえも、文学的素材の芸術的な品質の良さを示す担保でもあるのです。というわけで真の作家にとっては、つまるところ、どう書いたらよいのか、わかっていない方がより良いということです。

*ブロツキー、I・A「ノーベル賞レクチャー」『ヨシフ・ブロツキー選集　全六巻』第一巻、パリ、モスクワ、ニューヨーク、一九九二、一六ページ。

第4章

本を読んでくれる人が見つかれば、毎晩眠れるのだが……

急にテーマが、このようになったわけは他でもなく、暗にコルネイ・チュコフスキー（一八八二〜一九六九）のことを考えていたからです。本章のこの表題は彼の日記から引用させてもらったものです。しかし多分おわかりのこととは思いますが、私たちが話題としてきたことの圏外に逃げているのではまったくなく、これはむしろそのさらなる展開なのです。というのは心に響く芸術的なことばのことを言っているからです。ところでことばとは、その感覚様式の違いにかかわらず、独自の心理学的な特性を持っています。想い起こしてみましょう。本を読む習慣を身につけるために子ども時代にどれだけ長く苦しい時を過ごしたか、そして二、三歳の頃には夜に物語を読んでもらう時、どんな気持で待ち息をひそめ聴き入るようにしていたことか。このような経験にはいろいろな個人差もあるし、習慣となってしまえば何も驚くほどのことではなくなってしまいます。実際、書いてある文章を読むことは、解読するという意味では一定の努力が求められますし、また本質から言ってそのような分析過程は、言ってしまえば脳の左半球に優先権がある活動に結びついています。それでも耳で聴く場合、たとえば芸術作品を朗読した音源は事実上、私たちに特別な努力を何も求めたりすることはありません。（このような場合）その文学作品がひとりでに私たちの耳に入ってくるように思えます。なぜならその文章を音声化するための労力は誰か別の人によって既に行われているからです。ですからそのことにこそ、これまでほとんど利用されていない心理療法的な可能性が溶け込んでいるのです。私が今言っているのは、音声として響いてくる芸術的なことばが備えている催眠術的なオーラのことです。もちろん印刷された（文字で書かれている）ことばもそれを失っているわけではありません。そのことについてはこれまでの章で示した通りです。とはいえやはり音声として響くことばがユニークな心理療法の資源になることに違いはなく、それはこの先の記述で明らかになるでしょう。

ところで私をこのような考えに仕向けたのは自身の生活体験で得たエピソードなのですが、それは筆者自身が急性のウイルス性肝炎のためにボトキンス病院の感染症病棟に「横になっていた」時のことです。告白しますが私はそれまで、死ぬかもしれないと思ったことは一度もなく生活してきました。おそらくこの病院に入院する人々は、いろいろな基礎疾患のブーケをいくつも背負わされていて、ウイルス感染などは追加的な重症化の一要因に過ぎなかったのだろうと思います。そのような状態で生きるか死ぬかの瀬戸際を病院で過ごした日々は、重症者に迫りくるいろいろな心理的な問題について考えるよう私を駆り立てたのです。

①この重苦しい静けさ

そのうちの最たるものは孤独を味わうこと以外の何ものでもなく、他に何があるでしょうか。親戚の者は、ちょっと腰かけては去っていってしまいます。とたんに次から次へと自分の考えと差し向かうしかなくなってしまうのです。病人の考えなんて知れたものです。それは単調で、閉鎖されている円形の囲いの中を馬車馬のように動き回り、頭の中ではいつもと同じく出口のない状況を粉砕しながらも、明日という日は厚手の幕で閉ざされているのです。ベッドでまどろんでいたり、何も考えないでいることをうれしいと思ったりする人もいるかもしれませんが、人間の頭は考えないでいることなどできないようにつくられているのです。それで病室の、ぬかるんでいるような静けさの中で脱出口を見つけられないでいる痛みと苦しみは、くすんだ、何も照らしてはくれない、そのような灯りに油を注ぎ足すばかりなのです。

重症患者たちの頭にこびりついて離れようとしないこのような空しい思考の性格や、何のポジティヴな蓄えもないままひたすら最後の力まで奪い取ってしまう様子を、レフ・トルストイは物語『イワン・イリイチの死』（一八八四〜八六）の中で見事に伝えています。

彼は何が何やら分からなかったので、このような思想を間違った病的な虚偽のものとして追いのけた上、もっとほかの健全正確な思想にかえようと苦心した。［中略］

しかし——なんたる不思議！——以前は死の意識をおおい、隠し、滅却していたいっさいのものが、今はすでにその動きを示さなくなったのである。[中略]何よりもいけないのは――ほかでもない、このあいつが《ヽヽヽ》しじゅう彼を、自分のほうへ、自分のほうへと引きつけることであった。しかも、それは彼になにか仕事をさせるためではなく、ただそちらをじっとまともにみつめさせるためであった。じっとみつめたままなんにもしないで、言語に絶した苦しみをなめさせるためであった。
（米川正夫訳、岩波文庫、六二〜六四ページ、一九九〇年、第五五刷）

もちろん誰もが、どこにでもいるイワン・イリイチのように（おそらくトルストイの偉大さは、まったく月並みな人間の心のうちを読み取ることができた点にあるのでしょうが）、疲れ果ててしまうまで自らの病を味わうわけではありません。中には重病という敵の真っ直中にありながら、有能にも自らのために精神的な支えを見出し、あるいは自分がこれまで体験したことを見つめ直し、その中に何か輝くものや喜びとなるものを見出すことのできる人さえいます。ただ疑う余地のないことが一つあります。それは、慣れ親しんだ日常生活の流れから外れさせるどんな重い病気でも、人間の精神的な構造に関係なく、その人の脳には、いわゆる停滞した興奮のるつぼ（パブロフによる）が形成され、それがその人の精神状態ばかりか、病気そのものの経過にも反映するのです。独特なタイプの悪循環が生じ、それから脱出することはそう簡単ではなく、多くの場合、医薬的な手段に頼らなければならなくなるのです……。

ここでさらにもう一つ個人的な思い出話をしましょう。ある親戚の女性が私共に共通の知人を病院に見舞ったことがありました。その知り合いは腹膜炎の術後で、きっと言うに言われぬ程苦しんでいたに違いありません。見舞いに行った親戚の女性は何とか時間を持たせようとして病人の手を取り、身内の、大して意味もない、とりとめのない話を小声で語り始めたのですが、ふと気がついたのでした。「もしかして、私、黙っていた方がいい？　私の話なんか聞くのもつらいかしら」と言うと、彼はさっと彼女を制し、「いや、いいんだ、どうか続けてくれ。話していてくれる方が楽なんだよ」と言ったと言うのです。

ということは、日常のありふれた、ふつうのことばですら、苦しんでいる人の心には安らぎを持ち込む力があり、苦しみそのものも和らげてくれるということになるでしょう。でも、ああ、残念なことにその力は誰にでも与えられているものではありません。病室に見舞いにやってくる親族のすべてが望ましい人々とは限りません。医療スタッフが「訪問者」を白眼視したりすることもあるのは、そうでもしなければ、いらいらを隠しながら応対しなくてはならなくなるからです。

人は苦しい時、親身になって自分の気持をわかってくれる人が現れると、どうしてうれしくなるのでしょうか。しかし、もしそういう人がいなかったとしたらどうしましょう。まったく身寄りのない孤独の人であったとしたら。いつも忙しく仕事に急いでいる病院のスタッフばかりだったとしたら。でもご存知のように実にいろいろな人々が病院にやってきます。

それだけではなく実は入院患者の前には夜という重苦しい時間がやってくるのですが、病室の隣人は寝ているし、ラジオも鳴らなくなり、何かしらの心理的な支えを外部から受け取るチャンスがなくなってしまいます。そう、院内の医師たちは、このような陰険な夜のこと、とりわけ実際にかなりの死去が起こる夜明け前のことをよく知っています。たいていの場合、それは私たち人間のバイオリズムによる二四時間の変動や、夜間に生理学的な機能の多くがレベルを低下させることによって医学的に説明されています。しかし純粋に心理学的な要因もあることを忘れてはならないでしょう。それは抑圧された人間の心理状態であるのですが、自分自身は病気であるという感覚であり、不吉な考えと切り離せなくなっているのです。

変だ、力が、
朝まで持ちこたえられない、
ベッドの端に腰かけて
手を貸しておくれ、看護婦さんよ。

当時、心臓病に苦しんでいた詩人アレクサンドル・ヤーシン（一九一三〜六六）のこの一節には、まったくの孤独状態で重い病とともに夜を過ごそうとしている患者の感覚が伝わってきます。この詩は次のことばで終わります。「朝になったが迎えは来ていない。太陽は回り道をしてやって来るのだ」。

では、この「殺菌するような」敵意ある静けさを埋め合わせてくれるものは一体何でしょうか。もしかしたら病院にコオロギが迷い込んでくることでしょうか。いや現代の鉄筋コンクリート製の建物にコオロギなどは入ってこないでしょう。かつてイリフとペトロフが書いていたようなコオロギを養殖する職業はなぜか根を下ろすことはありませんでした。名うての生か死の二者択一的なコオロギの役割をしたのは、振り子のついた壁掛け時計だったかもしれません。そのリズミカルな歩みは、昼間にはほとんど気がつかないのですが、その代わり夜中にはよく聞こえ、いくばくかは不安に満ち満ちた考えの大群を静まらせることができたのかもしれません。ところがそこにおそらくは夢も忍び寄ってきて、息も詰まるような夜の静けさという条件の下、夢は病人の枕元を走り回ります。しかしながら振り子にしろ、メトロノームにしろ、催眠術の場面では心理療法家が好んで用いますが、そうは言っても、これらは問題の単なる部分的な解決でしかないでしょう。では他にまだあるとすれば、それはどのような解決法でしょうか。

②チュコフスキーの催眠薬

「ここでは、眠りとはどんなものであるか忘れてしまった。誰も私に本を読んでくれなかった。もし読んでくれる人を見つけたならば私は毎晩眠れるだろう。大事なことは仕事から思考を引き離すことである」* とコルネイ・チュコフスキーは一九五一年の日記に書き込んでいます。当時一〇歳であった娘のリジヤ・コルネェーヴナ（一九〇七〜九六）は次のように回想しています。

クオッカラ村では父が私たちに本を読んでくれただけではなく、私も父に本を読んであげました。いつも、毎晩。私が読んであげないと父は眠らなかったのです。父コルネイ・イヴァノヴィチは頑健で、大男で、泳ぎが上手でスキーもやりましたが、若い時から最後の日まで不治の不眠症でした。

高揚した感受性、仕事への没頭、の代償です。ベッドに横になっても、彼は灯りを消しますが想像するという仕事を消すことはできませんでした。［中略］鎮静剤

*チュコフスカヤ、L・K『子ども時代の思い出』サンクトペテルブルク、リムブス・プレス社、二〇〇〇、一一二ページ。

も、ベフテーレフ*（一八五七～一九二七）の合剤もベフテーレフとの面会も、またレーピン**（一八四四～一九三〇）が父のために特別に呼んでくれた催眠術師も、肉体労働も、新鮮な空気も、どれもこの病から救ってくれるものはありませんでした。役立ったのはこういうことでした。本を読んでもらい、それを聴くことです。本が、その当日とりつかれていた考えから何千里も離れた遠くにまで父を連れ出してくれたからです***。

さらに記述は続き、夜に読む本はどのようなものがよいのかが書かれています。面白い本で、面白過ぎないもの、「そうでないと、新しい面白さにはまってしまい、眠りが妨げられる」し、一番よいのは以前に読んだことがある本や、お気に入りの本で半分忘れかけているもの、とあり、加えて読み方そのもののあり方も書かれています（激しい抑揚がないように、表現が過剰になり過ぎないように、眠気を誘う子守歌のような、同時に面白い場面が目に浮かぶように読む）。一言で言えば、これらはすべて「睡眠の台所」あるいは、より正確に言うならば、睡眠の実験室であったのです。というのはチュコフスキーが身を以て設定した良い実験であったと思うからです。

ですが今まで述べてきたことを『ハエのおしゃべり屋さん』（原作は一九二三年、検閲後、一九二七年現題で出版）の著者（コルネイ・チュコフスキー）の個人的な特性だけで説明できるのでしょうか。事実、周知のように、とても多くの人はベッドで就寝する前に本を読むことや読んでもらうことを好んでいます。それは単に習慣になっているだけだと言う人もいるかもしれませんが、しかしかなり広範囲にわたってこのような読書が事実上、眠りを助けているわけですし、そのような時の数ページばかりの面白い読みものは、当人にしてみれば誘眠剤よりもはるかに良いものであるでしょう。さらに言えばこのような作用は部分的には条件反射として結びついているので、これもやはり、この種の催眠誘導体を安々と見捨ててしまうべきではないでしょう。すなわち芸術的な文章それ自体が人間の誘眠に作用する、ということです。

この点に関連して思い出されることがあるのですが、面白くて引き込まれてしまうような、目まぐるしく主題の筋が変わっていく映画番組を私たちがテレビで見ている時、他の活動に自らを切り替えようとしても画面から離れられないことがあるでしょう。本質から言えばこのような時、心地よいこのリラクゼーションの状態を乗り越えていかなければな

＊（訳注）ヴラジーミル・ミハイロヴィチ・ベフテーレフ。精神科医・生理心理学者。サンクト・ペテルブルクに精神神経学研究所を一九〇七年に設立。
＊＊（訳注）イリヤ・エフィーモヴィチ・レーピン。移動展派の中心人物、画家。
＊＊＊前掲書、一一四ページ。

らないわけですが、それには一定のモチベーションを起こそうとしなければなりません。ということは映っている画面が私たちにとって麻薬と同じように作用しているのか、あるいは、もう既に秘訣のない催眠術師になっているのかもしれません。事実、ひねりにひねった筋立ての場面でも、不思議なことに私たちはリラックスもしているし休息もしているのですが、思うにその時、私たちの感情はぎりぎりまで昂っていて、主題となっている出来事の展開に逐一反応しているのです。

しかしながらここでの逆説は見せかけに過ぎません。実際このような時に私たちが受けている心的体験や情動は時折、美的な、という形容詞をつけて呼ばれるのですが、それはまったく特別な種類のものであって芸術以外のどこかで出会うすべての体験や情動と異なるものです。読む人あるいは聴く人を甘い罠で迷わせながら読書は私たちに周囲のことを忘れさせ、自分自身も忘れさせ、著作者の意思や意図に素直に従わせてしまうのです。そしてこれらの、まるで純粋に結晶化した情動は、まったく別物として然るべく感じられ、非日常のようで、しかもより安らかで解き放たれたように感じられるのです。それはアドレナリンの噴出がゼロの状態、と呼ばれたりもします。

レフ・ヴィゴツキーは、それを知恵のある情動と呼んだのですが、その理由をこう書いています。「拳骨をふりあげたり、ぶるぶる震えたりする代わりに、知恵のある情動は主としてファンタジーのイメージの中で解決されるからである。〔中略〕それはあらゆる迫真性と力強さとともに私たちが体感するものであり、常々私たちに芸術の知覚を要求してくるようなファンタジーの活動の中で自己放電しているのだ。この中枢系の放電のおかげで感情の外的な運動的側面は著しく停滞し、抑制されるので、私たちには今味わっているのは幻の感情に過ぎないのだと思え始めるのである」。*

この問題に対してやや違ったアプローチをしているのは、芸術学者で文学者であるボリス・エイヘンバウム（一八八六〜一九五八）です。本性から言って二次的な美的情動（それを彼は知的情動と呼んだ）は、一次的な情動あるいは心情的な、喜び、恐怖、怒り、愁いといった情動と矛盾しながら、人間の内面生活と切っても切れない関係にあると言うのです。そして彼は芸術の課題の一つは、今述べたことを中和させることにあると見出し、それは生活上の素材（それぞれの作品の内容）を芸術的に再編することによって達せられるとしました。「美的な知覚とは情動の特殊性を特徴としている。それは、その人自体の個性に結びついている心情の情動領域が中和されて別の機序を持つ情動領域が覚醒する、というような現れかたをする」。**

＊ヴィゴツキー『芸術心理学』一九六六、二七三〜二七四ページ。
＊＊エイヘンバウム、B・M『詩《ポエジー》について』レニングラード、「ソビエトの作家」社、一九六九、五三八ページ。

そのような例として彼が引用しているのはフリードリッヒ・シラー（一七五九〜一八〇五）の悲劇『ヴァーレンシュテイン三部作』（一七九六〜九八）のフィナーレでの観客の心的印象です。実際、見ていた人々は、主人公が今死ななければならない、と知った時、自身がほぼヴァーレンシュテインに対して仕組まれた陰謀の加担者となっているのですが……「芸術の極致は、観客が椅子に身を預けながら、オペラグラスを通してこの劇を見ていながら哀れみ深くなる気持になることを楽しんでいる、ということにもあるのだ。どうしてそうできるのかと言えば、それはフォルムによって内容が無効にされたからである」。* すなわち演劇の舞台や本によって芸術的な（知的な）情動に浸れるのは、エイヘンバウムによれば、私たちの心情的な情動が中和された時だけです。中和が起きないようなところでは、まったく別種のドラマが起きてしまうのです。

そのうち一つをエイヘンバウムは自分の論文『血は常に訴えている』で紹介しています。それは一九一三年の美術展でのこと、イリヤ・レーピンの『イワン雷帝とその息子イワン』（一八八五）の絵が展示されていました。精神を病んだある者が発作的にこの絵をナイフで切り裂いたのでした。すなわちこの絵画を美的に味わう代わりに彼の脳に呼び起こされたのは、かくも恐ろしく、かくも耐え難い心情レベルの痛みであって、それがこの絵を撲滅することが善であると彼に思わせたのです。**

さらにもう一つの例があります。本当のことを言うと、その信憑性については確かではないのですが、筆者の目的にはぴったりの例なのです。アメリカにはこんな言い伝えがあると言います。ある一人のカウボーイが、シェークスピアの『オセロ』を演目にしていた旅回りの一座の上演を見に、はるばる遠方の自分の大牧場からやってきたと言います。無実であるのに殺されてしまったデズデモーナの恨みをはらしたいという願望に燃えたその男は、まさにその場で、つまりホールで、主役を演じていた役者に向かって非常用に所持していた六弾式コルト銃を発砲しました。この自主裁判官には死刑が宣告され、犠牲になった役者の隣に葬られ、墓碑にこう書かれました「最も才能ある俳優であり、最も優れた観客のために」。ああ、この純朴なカウボーイは良い観客でもなく、中ぐらいでもなく、まったくもって観客などではありませんでした。すべては舞台上での話なのだ、という簡単なことがわからずにいたのです。芸術としての創り話と現実との区別ができていなかったのだとしたならばですが。

結局、芸術的思考とはエイヘンバウムが考えたように心情的な情動を中和することなの

＊エイヘンバウム「悲劇と悲劇的なことについて」エイヘンバウム、B・M『文学を通して』論文集、レニングラード、一九二四、八七～八八ページ。

＊＊エイヘンバウム、B・M「血は常に訴えている」月報『文学と生活』七七号、一九一三年二月。

か、あるいはヴィゴツキーが提示したように感情の運動的側面を抑制することなのでしょうか。でもこれら二つの考え方が互いに矛盾するものでないならば（そのどちらも説得力のある考えとまでは言えないのですが）、どちらの場合も、芸術的情動に付随する中枢性の（相反神経支配による）特別な種類の抑制について言っているのではないでしょうか。そしてそれこそ前述したリラクゼーションの催眠術的な根拠と考えられるのです。それと同時に、脳の半球間が非対称であることについての研究が明らかにしたように、このような効果を道連れにしているのは人間の想像的思考を司るようになった右半球であり、すると今度はその想像的思考に芸術作品が向きあわせているのです。そのような時に採られた脳波はアルファ波の増強を記録したのですが、事実それは瞑想や催眠のような心理状態にとって特徴的なことです。

つまりこういうことになります。先程引用した考え方をもし受け入れるのであれば、不眠症だったチュコフスキーが小説を読んでもらいながら落ちついて眠り始めることは、何も驚くことではないでしょう。驚くべきはもっと別のことです。それはこのレシピが今日までいささかも広まってはいないということです（ただ、夜、子どもに読んであげる童話は例外ですが）。実際にチュコフスキーが娘リジヤに読んでもらったものは、すべてが録音機以前の時代のものであったとして、磁気テープ、ＣＤ、あるいはその他のあらゆる媒体に記録された音楽や人の声（たとえばオーディオブック）が、あちこちの病院のベッドにまで、それに不眠症に苦しむ多くの人々のところまで届けられるようになれば、やがてリジヤのような「生きているイリアス叙事詩」*のニーズはおそらく永久になくなることでしょう。

身近にいてチュコフスキーを知っていた人々の証言によれば、彼が無関心であったという音楽について（おそらく、もしそうでなかったならば、必ず利用したでしょうが）、ごく簡単に述べておきましょう。そう、もちろん静かで、心和ませてくれる音楽の響きは病室において害はないし、空しくうんざりするような静けさや、無味乾燥のカチャカチャする器具の音よりはずっといいでしょう。その上、情動的にプラスの反応を形成し、入眠を楽にしてくれるような音楽は他の芸術とは違い、シンボリックに知覚する音列を介して間接的にも直接的にも作用しますし、そのことは動物においても確認されています。

最近では催眠効果を考えた特別なタイプの音源が登場しています。その制作者たちのうちのある人々が言うのです。これをダビングしたりするとその効果は消えてしまうと。でも、これは、にわかには信じ難いことです。しかし、たとえそうだとしてもこのような芸術的なデジタル音楽も、クラッシック音楽の生演奏と競うだけの力はあります。たとえばバッハの音楽を置いて、人の心を集中させ、奥深い音調で、気持を落ちつかせ、心に同調的に作用する音楽を他に思い浮かべることは難しいです。彼のコンチェルトやソナタの緩

＊（訳注）ホメーロスの作とされる古代ギリシャの長編叙事詩。

やかな部分の多くの断片は本質において正真正銘、瞑想のためのものであり、他に比べるものがないほど精神的な慌ただしさからの解放を私たちに恵んでくれます。また神経心理学者の視点からすれば、睡眠も、催眠も、瞑想も、多くの点で親戚関係であるわけで、そのことは一八世紀から一九世紀にかけての音楽の他の多くの古典作品に十分な正当性を以て結びつけられるのです。それらはリラクゼーションと睡眠にとってすばらしい補佐役となりえます。

しかしながら芸術文学とは異なり、音楽は私たちの思考構造には入ってこないし、それに新しい方向を与えることはなく、リジヤ・チュコフスカヤのことばで言うならば、今感動の瞬間にある私たちを何千里の彼方にまで連れて行く力もありません。それゆえ回転する思考のはずみ車が、まるでかごの中の鳥のように何か未解決の問題やあるいは生活上の行き詰まりからの出口を探求することに一生懸命になっている時、コルネイ・チュコフスキーの例にならって芸術文学の作品に向きあう意味はあるでしょう。たとえそれが必ずしも睡眠を助けるとは限らないけれども、いずれにせよ、夜を明かしてしまう重圧を軽減し、そこから連れ出して安らぎをもたらしてくれる望みを持っているからです。

ではどのような文学的メモリーを選べばよいのでしょうか。何を良しとすればよいのでしょうか。リジヤ・チュコフスカヤの回想から私たちが知る限り、自分の父親の「睡眠を誘う」本読みのために選んだ書物は、ユゴー、ディケンス、マーク・トゥエインのもので、ロシア物は『ディカニカ近郊夜話』（ゴーゴリ、一八二九〜三一作）のみでした。その理由として考えられるのは、他にもあった小品は当時の読み手リジヤの年齢に合っていなかったからでしょう。でも事実、ロシアの偉大な文学のすべては、プーシキンやトルストイからチェーホフ、ブーニン、そしてユーリー・トリフォーノフまで、その尋常ならぬ自然的な実体と驚くほど人間に相応しい芸術世界を伴っていて、人はそれを住み慣れた我が家と感じ（もちろん例外の作品や作家はあるにしても）、その意味において格別に感謝すべき教材であり、自身にとってのメートル原器の役割を果たす全能なものであるからでしょう。ロシア文学は人にとってパンのようなものであり、何度、耳で聴いても飽くことのないものであったのです。他方この種の録音は、病気のためにベッドで横になることを強いられている人間にとって健康のためのガス抜きになることもあります。いずれにせよ、そちらの方がその人にとってはテレビのトーク・ショーや、病室の隣人とむだ話をするよりもはるかに心に響くものだったのです。

それでもやはりチュコフスキーの体験に限ってみると、彼は生きている人間の助けに頼っていたことを忘れてはならないでしょう。その人間とは、読み聞かせる過程をコントロールできた人で、自分の相手が眠っていようがいまいが見守り続け、その都度この仕事を行っている人のことです。ところが音響技術は、どう言っても技術であるのですから、人間のニーズやさまざまな求めには無頓着です。ですので生身の人間がそれをしている時の役割を技術側に伝達する際、前もっていろいろなリスクを考慮しておかなければならないでしょう。たとえばこんなことがあります。

毎朝、私は兄や弟たちよりも早く、朝一番に書斎に駆けていって偵察したわ。眠れた、眠れなかった？［中略］「いや、リジヤちゃん、何分も寝てないんだよ。お前は私を眠らせてくれるんだが、眠るとすぐにどこかへ行ってしまうんだ」ということは、これって私が悪いってこと！　私はまた読んであげなくちゃならなかったのです。一時間も、二時間も。私は確かめたわ。部屋にいたままだったり、ドアの後にいたりしてね。私は何も言わず黙っていたの。父は眠ったわ。まあ、やっぱり、私は父を眠らせるのに無駄骨を折っていた……後悔と哀れみの念で胸がうずきました。*

私たちが特別な目的で研究するために音源撮りをした時、その録音媒体の保存性だけに注目したわけではありませんでした。話や音楽を聴きながら眠る時にネガティヴに働く影響やその瞬間についても注目しました。たとえば眠りに落ちていく過程では、ふつう私たちが快適と感じる音量が法外に（パブロフのことばによれば超逆説な位相で）興奮させてしまう働きがあるのです。また別の暗礁とも言えるのは、ある繊細な音調が、始まりかけてい

た浅い眠りを確実な眠りにすることにまだ成功していない時、いきなり激しい音が発せられてしまうことです。チュコフスキーもこのような原因で目が覚めてしまうのかもしれません。**

＊　＊　＊

かつてマリーナ・ツヴェタエヴァ（一八九二〜一九四一）が彼女ならではの金言的な言い回しでこう述べています。「聴くこと、それは考えることではない」。でも本当は、これとは別にこう言うこともできるでしょう。聴くこと、それは別の仕方で考えることである、と。とりわけ比喩的－想像的な思考に裏付けられた芸術的なことばについてはそう言うことができます。なぜならば、芸術的イメージの世界に浸ることは、私たちが不眠症に苦し

*チュコフスカヤ、L・K『子ども時代の思い出』サンクト・ペテルブルク、リムブス・プレス社、二〇〇〇、一一六ページ。

**もっともこれは技術面の問題で原則的にもちろん解決済みである。たとえばプログラミングされた装置を内蔵するコンパクト・オーディオプレーヤーの助けによって音量が滑らかに減衰されるもの（いわゆるタイマー・フェーダー）であり、最終的にはゼロにできる。同じ効果は、同じ目的を任務とするコンピュータプログラムでも可能である。

んでいる時や重病の床にある時に囚われる、うんざりするような悟性的思考から解放され、作者の想像的意志に従わせてくれる瞬間なのです。カール・ユング（一八七五〜一九六一）はそれを、方向づけられていない思考と呼び、そのような思考について次のように書いています。「私たちは自分の思考を、さほど一定の常軌に強制しているわけではないが、元々の重苦しさに応じて空想に浸らせ、荷を下ろさせ、精神的に高めてくれる。［中略］ここでは言語形式の思考は止み、イメージはイメージに、感情は感情に寄り集まる……」。*それこそ「一定の常軌に強制していない思考」であるのですが、それは素面の現実の重圧から救出されるのと、しばしば同じ意味であり、私たちに他に比べようもない休息の時間（時に休息と呼ばれている）を贈ってくれるのですが、チュコフスキーの例から明らかなように眠りもまたそうなのです。

真実すべてこれらのことは、どのような芸術的な営みにも当てはまるのではないし、また一人一人の傑出した出演者、たとえばたった一人でマイクに向かう語り手の、心を打つ魔法のような能力に向けられているのでもまったくありません。このことを心理療法的な目的で進めようとするためには、俳優の仕事として獲得すべきとする以前に、先に述べたような観点で人間の想像的思考を理解しておくべきです。まったく同様に、作家のスタイルも比較評価することが必要です。読者（あるいは聞き手）に平和や安心をもたらす作家もいれば、混乱させる作家もいるのはなぜなのだろうかと。

将来に照準を合わせて問題に注意を向けるならば、これまで述べてきたいろいろな要求に応える芸術的音源を収録した（そしてオーディオ・ブックとしてリライトすることも可能な）特別なオーディオ・フォンド（音源的資源）について話題になるのは明らかでしょう。それについては、どなたも知っているでしょうから、このような厚かましい割り込み情報を許していただきたいのですが、ロシアのラジオ番組（ラジオ・ステーション『オルフェイ』のような番組）は、まさにそのような聴き手を考慮しています。実際、今日では著名な俳優の仕事の最高のパレットは私たちの手元にあり、とりわけ最近二、三〇年の録音技術の進歩によりボタンを一回触れるだけでプーシキン、トルストイあるいはチェーホフの芸術世界に連れて行ってくれるようになったので、重病者をたった一人にして重苦しい思考を続けさせることは少なくとも非人道的なことであると言ってもいい時代になりました。

本章の最後にあげさせていただくのは、専門の心理療法サイトに、私のこの資料を掲載したことによって得られた二通の反響です。

イーゴリ、今日は。とても興味深くあなたの記事を読ませてもらい、どの文章にも賛同します。自分なりに病気の時（たとえばインフルエンザになって）音源から聴

＊ユング・K・G『変態のシンボル』モスクワ、ACT社、二〇〇八、六五～六六ページ。

くことがどんなに助けになるか私は知っています。ものを書いたり、テレビを見たりする時、目が痛いと誰にも話す力もなく、そうしたいとも思いませんが、病気から少しでも楽になるように自分を「建て増し」することが必要です。そう、あなたが正しく指摘しているように、人はどんな状況下にあったとしても考えることを止めることはありません。それは孤独からの救いでもあり、そのような時、隣から響く音声はまるで私が話しかけているようでもあり、また私に語りかけているようでもあります。私は喜んでこのプロジェクトに参加します。だってそれには大勢の人々を幸せにし、支援する力があると思うからです。

ナターリヤ・ショーロホヴァ　ラジオ「ロシア」編集者

親愛なるイーゴリ。記事はとても気に入りました。私は以前からそこで語られてきたことを広めてきた者だからなおさらにね。あなたが書いてくれたラジオ・フォンド（ラジオ放送による音源的資源）は私がwww.staroeradio.ru（com net）で二〇一七年に作成したものですが、そこで課題の一つとしたのは、まさしく広義での症状緩和であったのです。実際、私は医院、病院、「高齢者の家」などのためにそれぞれのプロジェクトを作成し、「ラジオ・トーチカ」というネーミングをしてモスクワのフアウェイ社と対話を続けてきました。私たちは三プログラム式の、病気の人や寝たままの人用の耐衝撃型ヘッドフォンつきのベッドサイド装置を二〇ドル以内で生産する多くの技術的任務を果たすところまでこぎつけました。それらは二万台の受注があり、うち五〇〇〇台分は慈善的な印として寄付する用意もできました。でも二〇〇八年の経済危機の始まりによってすべては崩壊してしまいました。国家は例によって参加することもなく関心も示すこともありませんでした。

ユーリー・メチェルキン、サイト「古きラジオ」

第5章

最後にたどり着いた思考

①チュコフスカヤとアフマータヴァ

リジヤ・チュコフスカヤの『アンナ・アフマータヴァをめぐる覚え書き』（ソビエトでは未出版）。この二人が最後に会った場所は、オルディンカのアルドーフ家でした。そこはモスクワにやってきた時アンナ・アンドレーエヴナ・アフマータヴァ（一八八九～一九六六）が滞在するところでした。でもそこにはこの家の主の他にもう一つの生き物が住んでいました。それはラパという名の犬ですが、精神機能が斜めになってしまっていたのです。子犬だった頃、足で蹴られてから「その後、今やこの犬はどんな場面でも、すべてに対して恐れていた」のでした。アフマータヴァが電話に出ている時に、リジヤ・コルネェーエヴナは一人、部屋に残されていたのですが、そこにラパがベッドの下から飛び出してきて、彼女のパンプスに嚙みついたのです。「私は大声で叫んだわ。足で突いて離し、首をたたいたのよ。そうしたら、おとなしくなったわ。私の叫び声に反応して、アンナ・アンドレーエヴナが入ってきた。ラパはさっとベッドの下に逃げていったの。その時アンナは身をかがめて、一方の手でえり首をつかみ、犬をベッドの下から引きずり出し、（ラパは彼女の手にしがみついて当惑したように全身をよじらせた）そしてもう一方の手で犬の背中をぴしゃりとたたいてドアの外に放り出した。これを彼女は一瞬のうちに、しなやかに、強めにやり終え、一息さえもつかなかった」*。

ありふれた、特に芸術的ではないことばで、このエピソードを伝えるのにどれだけの語彙が必要なのでしょうか。まあ、そう望んでもどうせ達成することなどできないのですが。でも実際に作家のことばというのは、一瞬で、数語だけで、まったく予期しなかった第三者的立場から「帝室のファースト・レディ」の像《イメージ》を引っ張り出してしまうくらいすごいものなのです。「ベッドの下から引きずり出した」とか「背中をぴしゃりとたたいた」とか「一息さえもつかせなかった」は実は格別なディテールであり、とりわけ注目すべきことばなのです。なぜならば、そうは言いながらも、もう若くはない、あまり健康とは言えない、哀れな心臓病患者のことを言っているのですから。それでもなお彼女があらゆる世代の精神的シンボルであることについては何も語る必要性が生じません。しかもコミカルに、非共存を共存にしてしまうことの中にこそ、おそらく、このエピソード全体の面白みが包まれているのでしょう。

＊チュコフスカヤ、L・K『アンナ・アフマータヴァをめぐる覚え書き』全三巻、二巻、モスクワ、サグラーシア社、一九九七、一一五ページ。

②生活それ自体が暗示している「実験」

二〇〇〇年七月の『文学新聞』第三〇号に、「一人残らず戦争に往き、みな帰ってくることを忘れた」という記事が現れました。実を言うとこの表題は、私をいとも簡単に不愉快な気持に陥れたのです。「帰ることを忘れた」とは一体どういう意味だろう。一般的に言って戦争から戻ることを「忘れる」ということがありうるのだろうか。私の常識は大声で抵抗し始めたのでした。そしてこの記事を終わりまで読み終えた時、ようやくすべてを理解することができました。

この文章は「中央文学者記念館」のパネルを完成させる際に書かれたものですが、それは、ＩＦＬＩ（イフリ）（「哲学・文学・歴史研究所」）の戦前世代の著名な一群の卒業生たちに捧げられたものです。よく知られている人物の名前をあげるならば、ミハイル・クリチツキー、パーヴェル・コーガン、ダヴィド・サモイロフ、ボリス・スルーツキー他ですが、それらの人々の半数は大祖国戦争（第二次世界大戦）の戦場に眠っているのでした。この文章の表題はヴァレンチン・レーズニク（一九三八〜二〇一九）の次の詩の連を短縮したものと思われます。

伝説のことば――それはＩＦＬＩ（イフリ）

そこで若者たちは、神のごとく、創造した、
その後一人残らず往った
戦場に、だが帰ってくることを忘れた。

つまるところ鉄の板の表題は、まったくの事実を確認しているだけのことでした。戦場に往って帰ってこなかったという事実です。そしてもちろんのこと、「忘れた」という月並みで詩文では用いられないようなことばが、より一層奇妙に響いてくるのです。ですが、この詩文の文脈の中でそれはまったく別の響きも帯びてきます。詩の二行目「そこで若者たちは、神のごとく、創造した、」と（論理的な結びつきではなく）呼応し始めます。そしてこの、半分冗談めいたニュアンスのことば「忘れた」はおそらく、どうだろう、参戦した義勇兵かあるいは地方出の新兵について用いられているのではないでしょうか。とてもぴったりのことばで、いつも平気で、軽快で、声高でいるこのような若者たちを見事に性格づけていますし、この詩にある種の特別な調子を伝えています。ぼろぼろになってしまった彼らの人生について執拗に想い起こさせるのです。

ついでながらに言うと、この詩行でまったく別様の響きを与えている述語「往った」は「戦場へ」という場所を示す状況から離れさせ、節の終部に導きます。このリズミカルな分離によって、この述語は、さらに広々とした存在を表している文脈に作りつけになって

いることになり、「往った」は一般的にはこの世から去った、の意でしょうから、ここに至ってはもう補うことのできない喪失の感情を尖鋭化させています。

たった一言だけ筆者に言わせてほしいのですが、一見するところ、この銘文ではさほど本質的意味のない副詞「その後」（потом（パトム））が詩行の分裂を整え、二つを一つにしています。しかしこのちょっとのことで詩行の美学的な中身をゼロにするためには十分であったのです。ちょっとしたことが決して無駄ではなかった例は、かつて画家カルル・ブリューロフ（一七九九〜一八五二）が自分のほれ込んだ教え子に注意を向け、うまくいかなかった習作をほんのちょっと直したことです。その後、この「ほんのちょっと」のことが芸術の始まりになったのでした。

③音楽と映画

習慣となっていない人々にとっては、コンサートホールで聴くような本格的な音楽は自分たちには関係のないもの、と思わせるものでしかないかもしれませんが、映画やテレビでの音楽はバックミュージックとして鳴り響き、感動に一役買っているものだということはおわかりいただけるでしょう。その原因は多分こういうことでしょう。聴くともなく聞こえている時に、意図してその音楽に集中して耳を傾けるということは、音楽的印象に身を委ねるという狙いからすれば妨げとなるのですが、映画では私たちの注意はスクリーン上で起きていることに吸い込まれています。その時、音楽について私たちは何も考えず、そしてその何も考えていないことが人間の知覚能力にとっては好都合となり、しかも響いている音楽は魂にしみ渡り、記憶に深く残っています。というわけで、真面目な音楽なんかわからないと思うことに慣れてしまっている人は、コンサートホールに行った時、なぜここに来たのかなどと考えたりせず、何も考えないでいることの方がよく、また指揮棒の最初の一振りから全身を通り抜けて行けていくような自分の感覚にせめて耳を澄ましてみるだけでいいのです。音楽を聴く理由を見つけようとするような前述の考え方は、音楽の持っている生き生きした心情を台無しにしてしまうだけです。なぜならそのような考え方は、まったく別の源泉を動力源としているからです。

④芸術の、だまし絵的な効果

いわゆる二重絵とか多義図形と呼ばれているものに関心のある人ならば、ここで焦点を当てようとしているものが何か、きっとおわかりでしょう。そのうち一つはキユビ（架空の九尾のキツネ）に属するもので、心理学では「ウサギとアヒル」という呼び名でよく知られているものです。それは謎の絵で、見る者にはその構えによってウサギにも、アヒル

にも入れ替わりして見える絵のことです（ヨセフ・ジャストロウ、一九〇〇）。

このような知覚では、二つの顔が振動しているわけですが、ワジム・ローテンベルクが言うように何か詩作における「転義表現・比喩」の効果を思わせます。ウサギとアヒルが交互に、依存せずに知覚されるのですが（一方が見えていたり他方が見えていたりがくり返される）、芸術的なイメージの特徴も、不可分で同体であるものを見せかけ的に（同時的に）さまざまに知覚できるところにあるのです。

それで、次の詩を読んでみる時はどうでしょうか。

やがて春の日差に追われた
雲が、付近の山々から
濁った流れとなって
水浸しの村の草場へ流れ込んだ。
自然は晴れやかな微笑を浮べつつ、
夢見心地で一年の朝を迎える。

大空は紺碧にまばゆく輝きはじめ、〔以下略〕

（『エヴゲーニイ・オネーギン』第七章冒頭、池田健太郎訳）

すると、私たちには太陽の下でなお消えていない雪の吹きだまりも見え、また「水に沈んでいない」牧草地も別々に見えるのですが、すぐにこれらすべての春のてんてこ舞いの景色も見えてきます。そこには四月の太陽の盛大な宴と谷間によって荒れ狂う大量の雪どけ水、そして河沿いの谷間に満ちた鏡に映える大空の青さがひっきりなしに混ざりあうのです。そして詩人（プーシキン）によって織るようにして創造されたこのイメージは、二重にも何重にも私たちの意識の中で、ユーリー・ロートマンが表現したように「またたき」、その多面性によって、どれか一つになるようにはさせてくれません。

⑤『死せる魂』と線的な思考

かねてより多くの哲学者や心理学者（たとえばユング）によって、現代文明、とりわけヨーロッパ文明（いわゆるヨーロッパ合理主義）は左半球の特権であると指摘されてきました。事実ほとんどすべての労働操作、生活的および家政的な仕事、健康や日々の糧への配慮、エンジニアの計算、プログラミングやロジスティクス、すべてのこのような無数の仕事や、生活に関わりのある、実利的・実践的に向きあうべき領域をしっかりと占領しているのは左半球の論理的思考です。しかしながらよく知られているように、実利的に世界を知覚するために、人間なりの特有な周囲の世界への関わり方が消されてしまうわけではありません。それればかりか人間が本当の人間になるのは、自身の生活的要求に向かって立ち上がり、のしかかってくる毎日の配慮の水平線の向こう側を見ることができるようになった時です。気のめいるようなプラグマティズムの方面へのありとあらゆる傾斜は故意に損失を与えるのです。そしてこの永遠に当面する問題に文学の古典は多くのページを掲げています。例をあげれば、ゴーゴリの『死せる魂』（一八四二）は本質的に見てほとんどすべてがこのことについて書かれているのです。その登場人物の直線的で単半球的な思考、それはあざ笑われてはいますが、著者自身はそのような思考にぞっとしているのです。みすぼらしく、くだらない人間として登場するサバケーヴィチ、コローボチカ、チチコフらの群像すべてを、精神的貧困の見本としているのではありません。そして気のめいるようなプラグマティズムが勝利しているこの社会に対して、唯一反論できるのは作者ゴーゴリの抒情的な「私」なのです。ブルガーコフの『巨匠とマルガリータ』の中で、注意の中心はたいてい同じ問題にあり、超自然的な主人公ヴォラントが透明化され使命を実行するのでした。そしてどのような事件にあっても国中で警察的レジムによって、独立した自由な思考のほんのちょっとした出現さえも抑圧されていたことを想起するならば、上述した二つの長編小説の、同じような「等方性」は決して偶然ではないということが自ずと明らかになるでしょう。まさにゴーゴリがブルガーコフにとっては創造的な探究にとっての原器としての方向指示器であったのではないでしょうか。

⑥超思想とトルストイ・チェーン（トルストイの鎖）

まず、いただいた手紙の断片を手短にお話ししましょう。その手紙とは、かつてモスクワ大学の卒業生で出征後戻ってこなかった人々のドキュメンタリー物語をある人物に贈った際、返信として数年前に私が受け取っていたものです。

「私共は、ある特別な集まりの場で、貴殿の原稿を読みました。とてつもない印象が残りました。多くの者は涙を流し、読んだ後、話して黙ったり、黙っていた後に話しだしたりしていました……　貴殿の骨折りによって我々生物学部の一人ユーラ・セグルジュの声が何年もの時を経て届きました。それは運命について、幸せと不幸せについて、愛について、情熱について、祖国についての私共の考えを揺さぶったのです」。

この手紙で私に知らせてくれたのは国立モスクワ大学生物学部の学部長M・V・グーセフ氏でした。

言うまでもないことですが、引用した手紙の筆者の文章は見事であり、この断片は芸術的な文筆のあらゆる特徴を備えています。では彼が作り上げたことばの並びの、最後のキー・フレーズ（「運命について、幸せと不幸せについて、愛について、情熱について、祖国についての私共の考えを揺さぶったのです」）に着目してほしいのです。ここで述べられているのは本質的に生活上の価値の、ある組み合わせのようなものであるのですが、それを想い、考えさせたのは送っていた私の原稿であるのは明らかです。ですが、これが単なることばの組み合わせではないこと、そしてこれらの中心となる価値は、それらが形づくっている文脈から明らかになります。まさしく私の物語で語られていたのは、戦争で倒れた若者たち、あるいは高尚な文体で表すならば、祖国のために生命を捧げた若者たちのことでした。

では、今度は文章を少しばかり操作してみましょう。元の、ことばの並びを人工的に分解して、単純な列挙に変換してみましょう。すると、たとえば、こんな風になります。「……何年もの時を経て声が届いて、私共の、以下のような思考を揺さぶりました。第一に運命について、第二に幸せと不幸せについて、そして最後に愛についてと祖国について」。読者諸氏は、文章の響きが即座に変わってしまったのをお感じになったでしょう。実際にこれでは芸術的な文章にはならないとしても、このように「分割」することには何の罪もありません。というのは伝えている情報は内容的には完璧に対応しているのですから。ですが、どちらにしても、手紙の筆者においては、この手紙は不可解な列挙などではなく、意味の統一された融合体であって、そこでは運命、幸せ、祖国が互いにつながり合い（トルストイの鎖）、ある種の超思想を形成しています。それは個々に概念を取り出して用いても実際には伝えることは不可能であって、専らそれら全部で、断ち切ることのできない総体になっているのでしょう。そしてこのことは、芸術作品のあらゆる断片が常に自らの内に、何かはるかに大きなもの、通常の単語の枠内には収まり切らない、その単語に込められている直接的な意義によってはつかみ切れないような、より大きなものを内に含んでいることの、もう一つの証拠です。

⑦読み返し（再読）

「教養ある人間とは多読する人のことではなく、何回も読み返す人のことである」。この格言は、色あせることなく昔から我が国の文芸生活の中で生き続けています。ところで読む、と読み返す、とではどこが違うのでしょうか。それに、大好きだったものでさえ結局は飽き飽きしてしまう「飽食」の瞬間とは、いつ生じるのでしょうか。ここで試しに、少し考えて見たらいかがでしょう。

あらゆる芸術作品には、二つの水準、二つの情報システムがあるようです。上部の水準は直接的、論理的な判断に委ねられるものです。推理小説物の大部分は、最初に読んだ時に完全にそれで終わりとなりますが、これがこの水準の例です。しかし文学作品はもっと深く根を張っていて、それこそが何度も読み返すだけの大きなリソースを成しているのです。その上、読み返す機会そのものがその作品の芸術的な多層構造と豊かさを表しています。たとえば、『十二の椅子』（一九二八）と『黄金の仔牛』（一九三一）は、同時代の大多数の人々にとっては当初、風刺的・娯楽的な読みものと考えられていましたが、専ら時が、その芸術的な意義と奥深さをはっきりと照らし出しました（『黄金の仔牛』は、まさにそうです）。読み返す可能性がある限り、これでおしまい、ということがありません。

次に「内容の豊かさ」についてです。心を打つような何かしらの小説や物語を読む時、その芸術的な豊かさを全部すっかり知覚するということは普段あまりないことであって、多くは「画面の外」に置き去りにしたまま、記憶に留めていないのです。さらに言うならば、それらの作品すべてが等しく印象深いわけではありません。というのは過剰な要素を内含しているものもあるからです。そうでないならば、編集部による修正はなくてよいでしょう。周知のように、ソビエト時代には検閲が荒れ狂っていて、文学において誠実で才能豊かであった人々すべては、その検閲に苦しめられていました。しかしながら、そうではあったとしても、検閲によって何かしらの多くを立ち枯れにされ抹殺されたものの、生き残った部分は、保持されていた芸術的な要素が一つの統一体としてつながりあって、たとえ微弱とはいえそれなりにちらっと光る色彩表現の手段として用いるには十分だったのです。あらゆる芸術構造の本性とはそのようなものであり、本当にそれを抹殺するためには、その本性とは別物の規範によって再編成すること、すなわち作者の生き生きした鼓動を合理的な原理で踏みつぶさなければなりません。

では作品を単に読み返すという場合には、これと似たようなことが何かあるのでしょうか。事実、読み返してみようと思う作品に、もう一度復帰する過程では、合理的な成分と非論理的な成分の主体的な相互関係が入れ替わります。人間の頭にだけでなく、心にも語りかけていた、意味が一義的ではないエピソードや命題の大多数は自らの多義性と奥深さを失い、比喩表現、各種の言わずじまい、沈黙、隠喩といったものは私たちの感動を止めてしまいます。なぜならば、無意識のレベルから意識するレベルに移行するからです（何度も同じアネクドート《物語》がくり返されるのとまったく同じです）。同じ作品を何度もくり返して読む程、論理的な思考のプロジェクターがより強力に戦い、イメージ作成器は、やむをえず退散し、同時にその情動的な中身はしぼんでいきます。しまいには見飽きた文章になり、芸術的な側面を伴って知覚しなくなり、既に証明された定理に似たようなものとなってしまいます。しかし幸せなことに永遠にそうであるということではありません。しばらく時を待つことが必要なのです。そうすると論理的なレベルに転じ、色を失い、記憶から消え去ります。そうなると元の文章は、在りし日の自らの魅力を読者のために再び獲得しています。

⑧朝、目覚める前に

もし読者のどなたかで朝、目覚める前に、ラジオで好きな音楽かあるいは半ば忘れかけていた詩の一節を聴くことができた時、どうでしょう、多分、その人ならば理解してくれるだろうと思うのですが。そのような瞬間、自分が失っていたその音楽作品や詩作品の新鮮な魅力がいかに深く、強く再び心にしみ込んでくるのか、わかってもらえるでしょう。きっとその人は眠りから覚めた自分の目が湿っているのに気がつくでしょう。たとえいつもの生活では、そんなことはもう長らく起きなくなっていたとしても。でもこれも理解できることです。眠っている時と目覚めている時の間のほんのちょっとした瞬間、その時に意識は、既にすっかり軽やかで正気なのですが、批判的な知性はまだ鈍化しているので、イメージの形成要素から解放された、かろうじて意識に入ってくる程の弱々しい感情でさえ、不意に強化されるのかもしれません。でも、もし今あげた例で感情的な体験の鋭さがいくらかでも生理学的に条件づけされているものであるとするならば、覚醒している時に生じる芸術作品への情動反応は、もう既に純粋に人工的な特性であって、人間の意識にある批判的傾向の中和を促す芸術的な手法によって条件づけられているのです。

⑨仮説

夢の中での、次のような絶望感がわからない人などいるでしょうか？　まあ、これはプーシキンが書いたタチヤーナの夢の話ではあるのですが。

> タチヤーナはぞっとした。彼女はあわてて
> 逃げ出そうとしたが、
> どうしても逃げ出せぬ。あがきながら
> 悲鳴をあげようとするが、
> それもできない。
>
> （池田健太郎訳、岩波文庫版）

しかし、この感情の裏にはおそらく、ある種の物質的基盤が隠れています。つまり私たちは自分の夢の中で体験するだけではなく、しばしば実際に行動しているということです。そしてもし特別な神経細胞が、眼球運動と夢を伴う「レム睡眠」の時、筋トーヌスの低下に責任を負っていないとするならば、フランスの著名な脳生理学者ミッシェル・ジュヴェ（Michel Jouvet、一九二五～二〇一七）の動物実験で示されたように、それらの作用が現実に具現化するのを何も妨げるものはありません。事実、猫も犬も人間とまったく同様、夢を

見ます。でもこの研究者が観察したことは、むしろ彼が書いた小説の空想的主題『夢の城』を想起させます。前述した細胞を有する脳の領域が損傷した動物は「レム睡眠」に落ちると夢遊病者のように自分の部屋を動き回り、目を開けずに、まるで何かを探すかのように、あるいは夢の中で見ている敵を攻撃しているか、のようでした。*ということは、人間がモルフェウス（眠りの神）に抱かれながら、私たちがへまをすることがないようにと本性そのものが面倒を見ているのです。

そして次は軽いリラクゼーションの時を想起してほしいのです。それはテレビ画面を見ながら腰かけているか、劇場で椅子に腰かけているような時のことです。この現象についてはいろいろな心理学的な説明がなされていますが、その背景として何かの生理学があるはずであろうと思います。つまり夢を見ている時に私たちの活動性をブロックしてしまうのとまったく同じメカニズムが、そこでも自らの役割を果たしているのではないでしょうか。そしてこの理由によってチュコフスキーは、身近な人に眠る前に本を読んでくれるように頼み、いつの間にか眠りにつくことができたのではないでしょうか。眠りに落ちる前にも筋肉のリラクゼーションが起きているでしょう。

---

*コヴァリゾン、V・M「ミッシェル・ジュヴェの思い出」『プリローダ』（ネイチャー）誌、二〇一六、一号、九〇ページ。

終　章

未来の作家たちのために

①パステルナークの場合

「中には暖房がなかった。だからこの食堂に入っても気温は外と同じだったし、そこでは誰も厚着のままだったが、パステルナークはもちろん外套を脱ぎ、帽子を釘に掛けた。そればかりか食堂にまで彼は仕事を持ち込んでいた。英露辞書、小型本シェークスピアの巻、それにさしあたり翻訳した原稿の幾葉か。そしてもう一つ、何かの長いリストで、うまく行かない箇所を書き出したものだった。水っぽいキャベツのスープ一人前を待ちながら（やがてそれらも終わり）彼は仕事にかかった」。* こうボリス・パステルナーク（一八九〇〜一九六〇）の疎開生活を綴ったのは仲間の劇作家アレクサンドル・グラートコフ（一九一二〜七六）で戯曲『昔々』（「軽騎兵のバラード」）の著者のペンでした。二人の出会いは一九四一〜四二年、戦時の冬、チストポールでのことでした。

「食堂にまで彼は仕事を持ち込んでいた」とグラートコフは書いていますが、これは語られていること以上のことを伝えています。というのは、技師や医師とは違って作家は仕事に没頭してしまうと、ベルによってスイッチを切ることができないからです。だが実際そうすることによってのみ、彼のペンから価値あるものが生まれてくるのでしょう。つまり、あなたがある何らかの意図を得たならば、そのことばかり考えていて念頭から去ることなどはありえず、書机に向かっている時はもちろん、ベッドに入っても、食事中でも、乗物の中にいる時も、考え続けているのです。一言で言えば、それで生かされているのです。そうしていると飽和食塩水のような中から突然のひらめきと発見が、時たまではなく、「沈殿物が降り」始めるようになるのですが、たいていの場合それは待ち望んでいたのとは別のタイミングなのです。

②言わずじまい、余白と間《ま》について

かつて気に入っていた物語や小説に、うきうきしながらもう一度立ち戻ろうとするのはなぜなのでしょうか、なんてお考えになったことはあまりないかもしれません。しかし百科事典の項目を読むのは、よくわからないことがあって調べてみようとする時だけでしょう。きっと常に芸術作品には、行間に何か言わずじまいにしていることが残っているので、言い換えればくり返して読むことによって既に知っているはずの作品も、やや別の観点で知覚することができるから、そうしたくなるのでしょう。それで言わずじまいにされていることやいろいろな読み取り方ができる可能性といったものが、芸術的文章の特徴の一つ

＊グラートコフ、A・K『パステルナークとの出会い』パリ、YMCAプレス、一九七三、一九ページ。

に過ぎないどころか、もしかしたら、いや、もしかしなくても、その根本的、本来的な特徴であるのかもしれません。またそのようなこともあって、咀嚼しながら読み解くことを回避するためわざわざ括弧書きで説明を残したりすることもあります。あまりに「ぶっきらぼうな誘導」とまったく同じで、接続詞「と」に加えての読点（、）の濫用は子どもたちには有害になるでしょうし、また文章のすべてが、あるいはすべての問いかけが、必ずしも答えを求めているわけでは決してなく、読者自身でそれを考えてみるためであることを知っていただきたいのです。そしてそれ以外に、文学にも生活にも、問いかけは山のようにあって、それらには一義的な答えなど本来的にありはしないのだということも知っていてほしいことです。

次は行間や余白についてです。みなさんが注目されているかどうかはわからないのですが、『エヴゲーニイ・オネーギン』のいくつかの連は、ローマ数字が章を分け、さらに各章には二重、三重に数字が各節につけられ、次から次へと進行していくのですが、ところどころに、まるで途切れたかのように、不足している行に代わって点線罫（……）になっているところがあります。たとえば次のようなところです。

さあ行こう。——

二人は馬車を走らせた。

向こうへつくと　客をよろこぶ昔の流儀
下へもおかぬもてなしで　ときにはうんざりするくらい。
ご馳走はだれでも知ってる例の品々
小皿に載ってジャムが出る
こけももの汁のはいった水差しが
蠟引きの卓におかれて
…………………………………………
…………………………………………
…………………………………………
…………………………………………

Ⅳ

二人の友は　いちばん近い道を選んで
全速力で家路についた。
ここでわが主人公《ヒーロー》たちの会話をそっと
盗み聞きするとしようか。

（木村彰一訳、講談社版）

正直に白状すると、私は長いこと、これらの点線罫は何らかの理由によってプーシキンが不適当と考えた文章の代用なのだろうと考えていました。二重、三重の順番を示す連の数字と同じように著者の訂正の名残であって、きっといくつかの連を一つにする必要があったのだろうと。ところがまさにユーリー・ロートマンのおかげによって私は、これが意識的に行われた、いわゆるマイナス手法で、それは個々の期待される文章要素をあえて用いないことが、独自の特別な意味のマイナスの装置となり、その芸術的な沈黙ないし休止をもたらすのだと考えるようになったのです。本質において、これはパステルナークがそのよく知られた標題詩で書いたこと、そのものです。

そうして余白を　紙の上にではなく
運命の中に残さなければならない
まるごとの生のスペースや章を
その欄外の余白に下線引きして

（『ボリース・パステルナーク詩集 晴れよう時 一九五六～一九五九』
工藤正廣訳、未知谷、一三ページ）

実際のところ、余白が文学に必要なのは生活においても同じで、芸術的な文章が十分綿密に書かれていること、すなわち完璧に語り切られていることは時としてまったくもって、その長所ではなくなってしまうことがあります。読者は思考に一息入れることができ、自由に熟考したり、あるいは作者が語り残したことのすべてを想像したりするために、余白と沈黙が必要なのです。それらはその作品にある種の追加的な変更を授け、それにより広がりを持たせ、空気で満たすのです。ユーリー・トリフォーノフはこう記しています。「余白－すき間－空白、これは生命と同じように散文芸術にも必要だ。なぜならば、それらの中に、さらにもう一つのテーマ、さらにもう一つの思考が生まれているからである」。*

③書き出し

作家として配慮する特別な対象は、やがてできる作品の最初の数ページ（時には最初の数行）ですが、それによって多くの点でこの著作の反響が決まるからです。ユーリー・トリフォーノフの論説『終わりのない始まり』では次のように語られています。「書き出しと終わりは、最も苦心するものである。書き出しは何度も何度も改作され、書き直される。

*トリフォーノフ、Yu・V「終わりのない始まり」『トリフォーノフ選集全四巻』四巻、モスクワ、芸術文学社、一九八七、五三一～五三二ページ。

必要な最適の文章がすぐに見つかる成功は決してありはしない。何と苦しい時間なのか！書き出しの文章は作品に生命を与えなければならない。それは赤子の産声のようだ」。*

実際、書き始めの部分は芸術的文章の鍵であり、それゆえ特別な注意を要します。ですが多くの人々はそれを安易に切りつめて、すぐに本文に取りかかることを助言します。しかし書き出しは、これから長く続いていく始まりのところですし、説明する負荷がかかるところでもあります。また作家が詳しく解説しようとするところでもあり、何かが現れるところであり、さらにことばが生まれてくるところなのです。ですから安易で当たり障りのない書き出しには実際、読者の関心を刺激する力などないのです。始まりはできる限り力強くあるべきで、すぐに読者の勘所を押さえるべきなのです。セルゲイ・ドヴラートフ（一九四一〜九〇）の次の書き出しのように。「外国人査証登録課において、あのメス犬が私に言ったんだ。『出国する人間にはトランクは三つ、が決まりよ』」（『トランク』一九八六）。あるいはレフ・トルストイのように。「オブロンスキー家ではなにもかも混乱していた」（『アンナ・カレーニナ』）。ですが、このような始まりは、安易に当たり障りなく与えられたのではないし、かといってよくよく考え抜かれたわけでもなく、とっさに思いついたものです。同じ論説の中でユーリー・トリフォーノフは次のように告白しています。「まるで目隠しをして手探るように、そろりそろりとさまよい、一つ、また別の一つとつつくようにして、そうこうしているうちに思いがけず必要としていたものに出会うのだ」。**その代わりスナイパーのようにして見つけ出した書き出しは、まるで機関車のごとく、残りのすべての文章を自ら引き連れていくのです。そしてもし書き出しがうまくいったら、それから先はもっと楽に行くでしょう。やがてその先、書き始めたこの文章は、あなたのためによく働き、物語全体の調子を整えることになるでしょう。

④滑らかな筆

自分の文章を限りなく直すことは可能ですが、それはかなり危ういことです。イワン・ツルゲーネフ（一八一八～八三）の物語『初恋』（一八六〇）の中に、このような登場人物が出てきます。それは詩人マイダーノフで『殺りく者』という詩の作者です。その詩を彼は「黒い表紙に血のような色で表題を書いて、この作を出版しようともくろんでいた」（米川正夫訳、岩波文庫版）のですが、この詩をその土地の美女とその取り巻きの崇拝者たちがいるサロンで朗唱すると「彼は四脚の長短韻《ヤンブ》を調子にのってわめきたてた。脚韻はめまぐる

＊トリフォーノフ、Yu・V『終わりのない始まり』全四巻、巻四、芸術文学社、一九八七、五四一ページ。

＊＊同書、同ページ。

しく入れ替わって、まるで小鈴のように、うつろな仰々しい響きをたてた」。これらの、「小鈴のように」とか、「脚韻は……」は、典型的な、滑らかな筆の常套手法であって、意味はあまりないが便利に用いられるため、その撫でつけられたような平板な文章が生き生きした情動的な中身を失わせてしまい、読む者の意識はほとんど何も知覚していないのです。でもマイダーノフは拙劣な詩人の部類だったので、単に詩作の技術面だけを良い点で獲得していたことが災いして、このことを理解できていなかったのです。とはいえ時として才能ある芸術家たちが自らの創作を完成に至らせようと志向する余り、技術的な完全主義の失敗に陥ってしまうことはあるものです。

この意味において前世紀の初めに、画家イリヤ・レーピンが描いたコルネイ・チュコフスキーの肖像画にまつわる物語は注目に値します。チュコフスキー自身のことばによれば、この肖像画は最初にモデルになった時、既にかなり仕上がっていて細部の修正を残すだけになっていたと言います。でもレーピンは、この肖像画にさらなる手を重ねに重ねたのですが、すると絵はつまらないものになっていったのでした。画家はいらいらするものの、何がいけないのかわからず、しまいには自らの努力を放り出し、肖像画は未完成のままになってしまったのです。その原因は、こうでした。絵が仕上がってくるのにつれて、直接的で生き生きしていた情動が画家の中で徐々に消えていき、それに代わって素面《しらふ》の理性的なアプローチに入れ替わっていった、ということなのです。とどのつまり論理的思考が芸術的思考に勝ってしまったのでした。

⑤スキュラとカリスの間

ヨシフ・ブロツキー（一九四〇〜九六）が自らのノーベル賞受賞記念講演（一九八七）で述べているように、作者は詩作を始めた時には、その作品がどのように完成するのかわかっていないのがふつうで、時にはできあがったものにびっくりすることさえある、と言います。そしてこれは詩作だけのことではありません。散文作家もまた言語次第で、ことばが彼をどこに導いていくかに拠っています。散文作家がこのことを知っていなかったとするなら、その人はまだ作家とは言えないでしょう。ところが他方、言語としての詩の威力にどっぷりつかっていること、これもまた出口ではありません。構想は構想でしかなく、その実現のためにできるだけ努めるべきです。二つの、この反りの合わない傾向をどのように調和させるのでしょうか。本質的に見て、自らの創作を生み出す途上にある作家の姿は、スキュラとカリスとの間で漂っているオデュッセイアに似ています。直観が作家に暗示しているものもあり、またけたたましく鳴っている思考もまた別にあります。ですからこれら二つの起点の間に第三の点を見出す必要があるのです。それはある種、主軸となるものであり、芸術的な直観と作家としての意思力が出会う地点です。

では意図していなかったものを書いてしまっていたら。放置する、書き直す、それとも破棄するのか。これは難しい問題です。元々の主題の展開がかかっているからです。書いたものが常に意図していたものであるようにするためには、そのことを忘れる必要があります。できあがったものにしばしば甘んじなければならないこともあるのですが、もちろん、書く気にさせた事柄の魂に応えているならば、ではありますが。

ここでさらにもう一つ注意を向けてほしいことがあります。それは作品のイントネーションとフレージングです。原則から言ってそれは既に最初の数行で始まり、作者の課題はその響きが最後まで届くようにすることです。もしも突然うまくいかなくなってしまったら、元に戻り、どこで、いつ、その一貫していたイントネーションを変えてしまったのか、よく見てみることです。それがこの先どこに向かっていけばよいのか暗示してくれることもあるでしょう。なぜならば正確に見つけた芸術的作品のイントネーションは調音叉のようなものですから。それに合わせれば、望む目的まであなたを導いてくれるはずの道案内の糸を見失うことはありません。

⑥何から始めるか

本づくりの仕事にコンピュータによる文書作成をもたらした革命も、作家の最も秘めた部分に影響しないはずがありませんでした。ボリス・アクーニン（一九五六〜）は、その巨大なプロジェクト『ロシア国家の歴史』の仕事においてコンピュータ処理をしなかったならば、取りかかる決心がついたでしょうか。でもデジタル技術が役立ったのは書字過程のあきれるほどの簡易化ばかりではありませんでした。コンピュータは文章校正に関しても他に代え難いものになりました。どのようなタイプライターも比べものにならないでしょう。事実、修正は一瞬で完了し、そっくりページ毎の打ち直しもしなくて済みますし、行毎に打ち直す必要もなくなりました。それゆえ、そのようなことを気にしながら書くこともなくなったのです。でもパソコンに打ち込んだ時点で、その文章が完成品のような気がしてしまうということはないでしょうか。実のところそれはまだ準備が整ったに過ぎないことをおわかりでしょうか。もとより本当の作家が仕事を始めるのは、紙面に自らの「不朽の作品」を書きなぐっている時なのではなく、ゆったりとした椅子に身を預け、落ちついて、悠々と、書き上げたものの修正を始める時なのです。その時こそ本物の作家としての資質、すなわち、ことばへの繊細さ、そしてそれまでは頭の中で群がっていただけのものを、批判的に評価する力量をようやく発揮することになるのです。

ところで何を修正するのか、このことならば問題はありません。陳腐で不必要なことばや文書用語が、あなたの手による熱に浮かされたような書き振りの途上で一体どれ程舞い込んでいるでしょうか。他のものに替えるか、あるいは捨てるべきことばがどれ程あるでしょう。日常生活上そのようなことをする者は、軽蔑的に書字狂などと呼ばれるのですが、気にすることはありません。事実、書字狂でない作家はいないのです。とりわけ一つ一つのことばに、てこずっている時には「再三再四考えて」「一対一」で向かい合い、あるいは最も正確なその等価物を探してみるのです。そして最も良いのは、ことばを消すことです。それによって役に立っていない足手まといからは解放されますし、残されたことばにより大きな重みを与えることになります。そうするとすべてのことばが意味を持ち、どうでもよかったものはなくなっているのです。また、接続詞、小詞、コロン、ダッシュ、ハイフン、改行に伴う字下げ、これらもすべて表現手段であり、それを上手に扱い、あれこれ手を替え品を替え、文章を調整したり、磨いたりすることです。そうしてついにそれなりの文章が完成した時、余計なものが削られ、不快な不正確さや文法の乱れが目に入らないように一掃された時（一回目や二回目の読み返しではなかなか気づかないのがふつうですが）、あなた自身もその文の魅力にとりつかれ、そしてもうそれから離れられなくなっているのです。

⑦インスピレーション

ラジオ・インタビュー（一九九九年）での問いかけで「もしあなたが書けない時、どうしていますか」に対して作家ボリス・ワシリエフ（一九二三〜二〇一三）はこう答えています。「書くことだ。インスピレーションは決してひとりでには生じない。仕事がインスピレーションを生む、仕事をするだけだ」。これは、彼自身、相当無理して言っているのでしょうか。いいえ、そうではなく事はもう少し複雑なのです。もちろん、普段、仕事の絶頂期に生まれる創造のインスピレーションは偶然のものではありません。とはいえ初めのうち、書けない時には無理強いをしてみたり、若干の努力を試みたりするのも実は悪くはないでしょう。そして何かの文章の断片が完成間近になったとしたら、書いた人は、真実その読者でもあるわけで、先に述べたようにその魅力のとりこ状態になっているのです。それにたとえ二、三ページでもうまくできあがると、それが原動力となって書き始めたものを続けようとする力を与えてくれます。だから順調に進まなくなったならば、当面は手を休めずに書いたものを読み直すことです。それはあなたが次のインスピレーションを手に入れるための刺激となるでしょう。プラスのフィードバックを伴うシステムとでも呼ぶべきこのような状態になったならば、その時、作家はインスピレーションにのまれてしまうことはなく、作家自らが本来のインスピレーションを創り出しているのです。そしてこれこそがあらゆる「苦境」や「停滞」を乗り越えさせる助けとなり、ついに作家は勝利者となるのです。思うに、文学で自分の力を試している人々にとって、ここで述べてきた考え方は、必ずやみなさんに希望を抱かせるものであると確信しています。

訳者あとがき

人間はことばを用いて書き記すという行為ができる。おそらくそれは人間だけができることであろう。しかもそれは単に記号として情報を正確に伝えるだけにとどまらず、書き記したものによって他の人間の心を揺さぶる力さえ持っている。

人間は絵画や造形によって、現にあるもの以上のものを創作することができる。しかもそれは、やはり人間の心を揺さぶる力を備えている。

人間は音楽によって、合図や記号としての役割を果たすだけでなく人間の心を揺さぶることができる。

これらの芸術と呼ばれる営みは、人間が長い時間をかけて獲得し、醸成し、教育することによって今日まで伝えているのだ。

レフ・セミョーノヴィチ・ヴィゴツキー（一八九六〜一九三四）は、このような人間の活動の源を「想像と創造」の心理過程に見出した。そしてそれが子どもにおいてどのように発達していくのかに着目した。想像する力、創造する力は最初から備わっているものではなく、言語に支えられた思考を獲得することによって、世界を自らの中に取り入れることから発達していくのである。

作家はどのようにして作品を書くのか。これは大いに興味をそそられるテーマである。その答えは、作家それぞれのやり方で、であろうか。

作家の著した芸術的文章は、どうして人間の心を揺さぶるのか。その答えは、真実を正確に伝えているから、であろうか。

本書の著者イーゴリ・レイフがこれらの点に着目したのは、自身がヴィゴツキーの伝記作家であったからでもあるのだろう。レイフの関心は、書きことばの心理学、そして芸術的文章や人間の語る話が持っている癒しの力に向いていく。ちょっとした読みもの、語らい、たわいない会話でさえ、人間にとってはそれらが必要な時があり、音楽や美術と同様、芸術的文章つまり文学にも人間の心を揺さぶる力があることを心理学的視点から解明しようとする。レイフの考えを知ると、文学作品を読み返す度に違った面に気がつくという不思議さや、同一の文学作品が訳者の違いで別の印象を与える理由に納得する。

うれしいことに著者レイフは、これから書こうとしている人や、作家を志望している人にアドバイスを与える章(終章)を本書に編み込んでいる。丁寧に、詳しく、たくさん説明し、抜かりなく描写するように書く、ではないのだ。芸術的文章はどのようにして書くのか。取扱説明書や通常の研究論文で心揺さぶられることは多くない。ありきたりの言い回しには気を留めず、ステロタイプの文章ではないものに読み手はなぜ心引かれるのだろう。

レイフの紹介によれば、作家が作品を書き始めると登場人物たちは、自ずと性格を表すようになり、自らセリフを発し、物語の結末さえ主人公たちが自ら決めるのだという。この指摘は言い得て妙である。人物の数、性格、描写のありよう、フィナーレのタイミング、これらは、作家が決めるというより、物語中の人物自身が決めてくれるというのである。小さな本でありながら伝えてくれることは多い。拙い訳であるのだが、この控えめな著作それ自体がイーゴリ・レイフの主張を見事に表していると言える。

著者イーゴリ・レイフは、一九九八年、モスクワに別れを告げ、以後フランクフルトに在住している。彼にとってロシア語は母語であり、作品はロシア語で著されている。彼もまた自由への道具として文学と心理学を選んだ人物である。

訳者は、二〇二三年、まだ残暑が厳しい九月末、フランクフルトにレイフ夫妻を訪ね、そこで子息ヴィターリー氏（現ヘルシンキ在住）とも会うことができた。世界的な感染症や紛争のため海外渡航は困難な時期が三年以上続いた後だけに、一家との再会の喜びは大きかった。高齢のためゆっくりではあったが近くの公園をともに歩くことができた。本書については、自分の主張は二章と三章にあること、文学作品の引用が十分ではないこと、日本の読者に本書で取り上げているロシア文学の作品がどのように知られているのか等、心配された。訳者としては、本書が網羅的な解説書ではないにしろ、これまでとは違った新しい視点を提供し、もう一つのロシア文学への手引きとなるだろうと私見をお伝えした。

それにしても、なぜ人間は書いたり、読んだり、語ったりして心を許しあうのだろうか。AI時代の最中にあって静かに訴えかけてくる本である。AIで芸術作品が創れるのだろうか、それが何百年も読み継がれることはあるのだろうか。これまで親しんできた名作の数々でさえ、本書が提示しているような見方、読み方をすれば、作家の心理を知ることができ、これまでとは違った読み方になるだろう。そして作家たちの台所あるいは舞台裏を知るならば、今までとは違ったもう一つの作品に出会えるのである。何十年、何百年読まれてきた作品は本当に生き物のようである。そのような生き物を創作した作家はやはり優れた芸術家と言わざるを得ない。

本書の刊行についてイーゴリ・レイフは日本語版の作成を快諾し、序文を寄せてくれた。質問に対する丁寧な受け答えと温かな支援に感謝したい。

本書の訳出しから刊行まで多くの人の助力を得ました。明石書店の大江道雅社長は本書の刊行に向けてすべてをリードし、訳者の力不足を補い、原著の価値を尊重してくださいました。編集を担当していただいた岡留洋文氏からは的確な御指摘と丁寧なサポートを受け、日本語版発刊の道筋が確かなものになりました。お二人と明石書店のみなさんの御理解がなかったならば、本書の刊行はなかったに違いありません。記して深謝申し上げます。

読みにくい訳文の最初の読者として、かつてのゼミ生で研究同人でもある中澤幸子さん（名寄市立大学教授）、山梨大学教育学部の卒業生、田中香帆さん、同じく佐藤綾乃さんは時間を割いて資料整理と草稿の読み合わせに協力していただきました。

イーゴリ・レイフ、ザイトゥナ・アレットクーロヴァ御夫妻には今日まで親しくさせていただいており、訳業を進める上で大いに励みとなりました。二〇世紀末、御夫妻がどのような気持で住み慣れたモスクワを後にしたのか察するに余りあるのですが、こうして訳者がお二人と知り合えたのもヴィゴツキー研究のおかげです。出会いと温かなもてなしに感謝いたします。

訳者　広瀬信雄

二〇二四年九月二七日

著者・訳者紹介

［著者］

イーゴリ・レイフ（Игорь Рейф）

モスクワに生まれモスクワで育つ。医科大学を卒業後、しばらく医師として勤務。1990年代末より著述活動を始める。1998年ドイツに移住。
主な著書に、『知られざるモスクワ大学の卒業生達』（モスクワ、2000年）、『天才と秀才』（モスクワ、2005年）、『天才心理学者ヴィゴツキーの思想と運命』（モスクワ、ゲネジス社、2011年［邦訳、京都、ミネルヴァ書房、2015年］）、『心で書こうとした。作家の本、あるいは芸術的思考の謎』（本書の原著、サンクト・ペテルブルク、ピーテル社、2022年）、など多数。
雑誌論文・記事も『ズヴェズダ』誌、『ズナーミャ』誌、『ヨーロッパ報知』誌、など多数。

［訳者］

広瀬信雄（ひろせ　のぶお）

長野県須坂市生まれ。2019年より山梨大学名誉教授。
主な著作に、『きこえない人ときこえる人』（訳書、1997、新読書社）、『グリンカ――その作品と生涯』（訳書、1998、新読書社）、『バラライカ物語』（訳書、2001、新読書社）、『新版ロシア民族音楽物語』（訳書、2000、新読書社）、『シャリャーピンとバラライカ』（訳書、2002、新読書社）、『プロコフィエフ――その作品と生涯』（訳書、2007、新読書社）、『天才心理学者ヴィゴツキーの思想と運命』（訳書、2015、ミネルヴァ書房）、『子どもに向かって「お前が悪い」と言わないで』（訳書、2016、文芸社）、『20世紀ロシアの挑戦――盲ろう児教育の歴史』（訳書、2017、明石書店）、『ヴィゴツキー評伝』（2018、明石書店）、『ヴィゴツキー理論でのばす障害のある子どものソーシャルスキル』（訳書、2020、明石書店）、『タタール人少女の手記　もう戻るまいと決めた旅なのに――私の戦後ソビエト時代の真実』（訳書、2021、明石書店）、『モスクワ音楽都市物語――19世紀後半の改革者たち』（訳書、2022、明石書店）など。

作家の文章はなぜ人の心に響くのか
――ヴィゴツキー学者による文学心理学の試み

2024 年 12 月 15 日　初版第 1 刷発行

著　者　イーゴリ・レイフ
訳　者　広　瀬　信　雄
発行者　大　江　道　雅
発行所　株式会社明石書店
〒 101-0021 東京都千代田区外神田 6-9-5
電　話　03（5818）1171
ＦＡＸ　03（5818）1174
振　替　00100-7-24505
https://www.akashi.co.jp
装丁　明石書店デザイン室
印刷／製本　モリモト印刷株式会社

ISBN978-4-7503-5855-0
（定価はカバーに表示してあります）